企业财务
风险防范
实操

崔 肖 李 晶 ◎编著

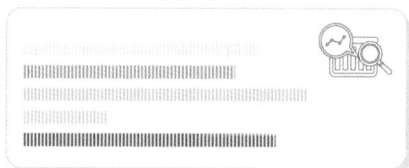

中国铁道出版社有限公司
CHINA RAILWAY PUBLISHING HOUSE CO., LTD.

图书在版编目（CIP）数据

企业财务风险防范实操 / 崔肖，李晶编著 .—北京：
中国铁道出版社有限公司，2023.5

ISBN 978-7-113-29941-5

Ⅰ.①企… Ⅱ.①崔…②李… Ⅲ.①企业管理 – 财务
管理 – 风险管理 Ⅳ.① F275

中国国家版本馆 CIP 数据核字（2023）第 022388 号

书　　名：**企业财务风险防范实操**
　　　　　QIYE CAIWU FENGXIAN FANGFAN SHICAO
作　　者：崔 肖 李 晶

责任编辑：王 佩 张文静　编辑部电话：（010）51873022　电子邮箱：505733396@qq.com
封面设计：宿 萌
责任校对：苗 丹
责任印制：赵星辰

出版发行：中国铁道出版社有限公司（100054，北京市西城区右安门西街 8 号）
印　　刷：河北京平诚乾印刷有限公司
版　　次：2023 年 5 月第 1 版　2023 年 5 月第 1 次印刷
开　　本：710 mm×1 000 mm 1/16　印张：15.25　字数：214 千
书　　号：ISBN 978-7-113-29941-5
定　　价：69.80 元

前言

随着市场经济水平的不断提高，市场环境也越来越复杂，企业的经营活动面临着诸多不确定因素的影响，从而导致企业身处于巨大的风险当中。

企业要想在充满风险的经济市场中站稳脚跟，甚至获得收益，对风险表现出听之任之的态度显然不可取。因此，企业必须要采取相应的措施，做好必要的风险防范，尤其是财务风险防范。

企业的财务工作是企业所有工作内容的联结点，不仅要与销售人员打交道，核算销售收入和增值税，与采购部门保持联系，核算采购成本，同时还要与生产部门进行密切沟通，核算生产成本和库存情况。这些工作内容本身可能存在的风险会影响企业的财务工作，进而带来财务风险。也就是说，财务工作受影响面更广，财务风险发生的可能性更大。

为了防止企业陷入财务危机，造成不必要的甚至是严重的损失，企业必然要做好财务风险的防范工作。但做好风险防范并非易事，需要了解经营过程中存在哪些财务风险，然后还需要掌握规避和防范这些财务风险的措施和办法，为此，我们编著了本书。

本书包括九章，可分为以下三部分：

◎ 第一部分：1～2章

　　这部分主要讲解企业会计实务和财务报表处理这两方面的财务风险，不仅介绍了凭证、账簿和财务报表的填写、登记和编制规范，还介绍了处理这些工作时可能遇到的风险。

◎ 第二部分：3 ～ 6 章

这部分主要从财务管理的角度介绍企业可能面临的风险，包括财务分析与风险识别、财务管理与风险评估、内部控制与风险管理以及内部审计与风险控制。

◎ 第三部分：7 ～ 9 章

这部分主要从税务方面讲解企业可能面临的财务风险，将财务工作与税务工作结合起来衡量财务风险。不仅对企业经营过程中可能发生的税务风险做了详细描述，还从税收政策与法律知识、税收实务、税收优惠以及税务筹划等方面为读者提供防范风险的措施和思路。

本书内容注重实操，知识点和案例分析都尽可能地贴合企业实际经营情况，让读者能将书中讲解的理论与操作更好地运用到财会实务中。同时，全书内容从不同的版块入手，全方位地描述企业可能面临的财务风险，知识全面，适合已经有财会工作经验的人提升自己的工作技能，也适合企业管理者及其他想要对财税工作有所了解的人员阅读使用。

最后，希望所有读者都能从本书中学到有用的知识和实操经验。由于编者能力有限，对于本书内容不完善的地方，希望获得读者的指正。

编　者

目录

第 6 章　内部审计与风险控制

第 7 章　不得不知的税收政策与法律知识

第 1 章

会计实务中的潜藏风险

随着市场经济的快速发展，企业在经营过程中所面临的不确定因素越来越多，财务活动中的风险也越来越多。为保证健康发展，企业必须要加强对财务风险的认识。本章将从基础的会计实务出发，教你如何规避日常工作中的财务风险。

如何正确设置与登记会计账簿

会计账簿是以会计凭证为依据，对企业的全部经济业务进行全面、系统、连续、分类记录和核算的簿籍。它能提供系统、完整的会计核算资料，是企业编制会计报表和进行财务分析的重要依据。设置与登记会计账簿是财务基础工作之一，一旦出错，将直接影响财务核算的准确性与报表数据的真实性。

下面我们分别看不同类型会计账簿的设置与登记。

1. 序时账簿

序时账簿又称为日记账。顾名思义，这是按照经济业务发生或完成时间的先后顺序逐日逐笔登记的账簿。按记录内容的不同又可将其分为普通日记账和特种日记账。

普通日记账。普通日记账是根据经济业务发生的先后顺序，不论其性质如何，逐日逐笔编成会计分录，将全部经济业务记入会计账簿。

特种日记账。特种日记账指将特定项目按顺序记入账簿，常见的特种日记账有库存现金日记账和银行存款日记账，其格式如图 1-1、图 1-2 所示。

现金日记账

年		凭证		摘要	对方科目	借方									核对	贷方									核对	余额									核对
月	日	种类	号数			百	十	万	千	百	十	元	角	分		百	十	万	千	百	十	元	角	分		百	十	万	千	百	十	元	角	分	

图 1-1　库存现金日记账（样表）

银 行 存 款 日 记 账

开户行
账 号

年		凭证		结算方式		摘要	对方科目	借方									核对	贷方									核对	余额									核对
月	日	种类	号数	类	号码			百	十	万	千	百	十	元	角	分		百	十	万	千	百	十	元	角	分		百	十	万	千	百	十	元	角	分	

图1-2 银行存款日记账（样表）

其登记方法如下：

◆ 根据有关库存现金/银行存款的收款凭证和付款凭证分别填写"年、月、日""凭证编号""摘要"各栏。

◆ "结算方式"栏根据所发生的经济业务的结算凭证的种类和编号填写。

◆ "对方科目"栏根据现金收、付款凭证中的贷方科目或借方科目填制。

◆ "借方"栏根据现金/银行存款收款凭证中的合计金额填写。

◆ "贷方"栏根据现金/银行存款付款凭证中的合计金额填写。

◆ 收支填好后及时结出余额，其结果表示现金/银行存款的结存数额。

2. 分类账簿

分类账簿按其提供核算指标的详细程度不同可分为总分类账和明细分类账。

总分类账。 总分类账简称总账，其登记方法很多，即可根据各种记账凭证逐笔登记，也能把各类记账凭证汇总编制成科目汇总表或汇总记账凭证，再据以登记总分类账。

明细分类账。 明细分类账也称明细账，是按明细分类账户（子目或细目）进行分类登记的账簿，是对总分类账进行的补充反映。

下面我们通过案例来看看具体如何登记总账与明细账。

【案例分析】——"原材料"和"应付账款"科目的登记

2×20年10月31日，A公司的"原材料"和"应付账款"总账及明细账的账户余额如下：

（1）"原材料"账户为借方余额80 000.00元，其中：甲材料结存3 000千克，每千克20元，计60 000.00元；乙材料结存2 000千克，每千克10元，计20 000.00元。

（2）"应付账款"账户为贷方余额100 000.00元，其中应付M工厂70 000.00元，应付L工厂30 000.00元。

2×20年11月，公司发生的有关交易及其会计处理如下：

（1）11月7日，向M工厂购入甲材料500千克，单价20元，计10 000.00元；向L工厂购入乙材料1 000千克，单价10元，计10 000.00元。甲、乙材料均已验收入库，货款尚未支付。编写该笔业务的会计分录。

借：原材料——甲材料　　　　　　　　　　10 000.00

　　　　——乙材料　　　　　　　　　　10 000.00

　　贷：应付账款——M工厂　　　　　　　　　　10 000.00

　　　　——L工厂　　　　　　　　　　10 000.00

（2）11月18日，向M工厂购入甲材料700千克，单价20元，计14 000.00元；乙材料2 000千克，单价10元，计20 000.00元。材料均验收入库，货款未付。编写该笔业务的会计分录。

借：原材料——甲材料　　　　　　　　　　14 000.00

　　　　——乙材料　　　　　　　　　　20 000.00

　　贷：应付账款——M工厂　　　　　　　　　　34 000.00

（3）11月21日，以银行存款支付前欠M工厂的货款20 000.00元，L工厂货款30 000.00元。编写该笔业务的会计分录。

借：应付账款——M 工厂　　　　　　　　　　　　　20 000.00

　　　　　　——L 工厂　　　　　　　　　　　　　30 000.00

　贷：银行存款　　　　　　　　　　　　　　　　　　50 000.00

（4）11 月 28 日，生产车间为生产产品从仓库领用甲材料 1 000 千克，金额为 20 000.00 元；领用乙材料 1 000 千克，金额为 10 000.00 元。编制该笔业务的会计分录。

借：生产成本　　　　　　　　　　　　　　　　　　　30 000.00

　贷：原材料——甲材料　　　　　　　　　　　　　　20 000.00

　　　　　　——乙材料　　　　　　　　　　　　　　10 000.00

根据平行登记的要求，将上述交易在"原材料"和"应付账款"总账账户及其所属明细账户中进行登记，结果如图 1-3、图 1-4 和图 1-5 所示。

总账账户

账户名称：原材料　　　　　　　　　　　　　　　　　　　　　　　　第×页

2×20年		凭证号数	摘要	借方	贷方	借/贷	余额（元）
月	日						
11	1		期初余额			借	80 000.00
11	7	(1)	购入原材料	20 000.00		借	100 000.00
11	18	(2)	购入原材料	34 000.00		借	134 000.00
11	28	(4)	领用原材料		30 000.00	借	104 000.00

总账账户

账户名称：应付账款　　　　　　　　　　　　　　　　　　　　　　　第×页

2×20年		凭证号数	摘要	借方	贷方	借/贷	余额（元）
月	日						
11	1		期初余额			贷	100 000.00
11	7	(1)	购料欠款		20 000.00	贷	120 000.00
11	18	(2)	购料欠款		34 000.00	贷	154 000.00
11	21	(3)	支付前欠货款	50 000.00		贷	104 000.00

图 1-3　总账登记

应付账款明细账

明细账户：M工厂　　　　　　　　　　　　　　　　　　第×页

2×20年		凭证号数	摘要	借方	贷方	借/贷	余额（元）
月	日						
11	1		期初余额			贷	70 000.00
11	7	(1)	购料欠款		10 000.00	贷	80 000.00
11	18	(2)	购料欠款		34 000.00	贷	114 000.00
11	21	(3)	支付前欠货款	20 000.00		贷	94 000.00

应付账款明细账

明细账户：L工厂　　　　　　　　　　　　　　　　　　第×页

2×20年		凭证号数	摘要	借方	贷方	借/贷	余额（元）
月	日						
11	1		期初余额			贷	30 000.00
11	7	(1)	购料欠款		10 000.00	贷	40 000.00
11	21	(3)	支付前欠货款	30 000.00		贷	10 000.00

图 1-4　"应付账款"明细账登记

原材料明细分类账

明细账户：甲材料　　　　　　　　　　计量单位：千克　　　　金额：元

2×20年		凭证号数	摘要	收入			发出			结存		
月	日			数量	单价	金额	数量	单价	金额	数量	单价	金额
11	1		期初余额							3 000	20.00	60 000.00
11	7	(1)	购入原材料	500	20.00	10 000.00				3 500	20.00	70 000.00
11	18	(2)	购入原材料	700	20.00	14 000.00				4 200	20.00	84 000.00
11	28	(4)	领用原材料				1 000	20.00	20 000.00	3 200	20.00	64 000.00

原材料明细分类账

明细账户：乙材料　　　　　　　　　　计量单位：千克　　　　金额：元

2×20年		凭证号数	摘要	收入			发出			结存		
月	日			数量	单价	金额	数量	单价	金额	数量	单价	金额
11	1		期初余额							2 000	10.00	20 000.00
11	7	(1)	购入原材料	1 000	10.00	10 000.00				3 000	10.00	30 000.00
11	18	(2)	购入原材料	2 000	10.00	20 000.00				5 000	10.00	50 000.00
11	28	(4)	领用原材料				1 000	10.00	10 000.00	4 000	10.00	40 000.00

图 1-5　"原材料"明细账登记

由案例可知，总分类账户与明细分类账户之间的关系非常密切，在登记账簿时要平行登记，即对所发生的每项交易或事项都要以会计凭证为依据，一方面记入有关的总分类账户，另一方面记入有关总分类账户下的明细分类账户。平行登记要做到同依据、同方向、同期间和同金额。

3. 备查账簿

备查账簿亦称备查簿、备查登记簿或辅助账簿，是对序时账簿和分类账簿等未能记载或记载不全的经济业务进行补充登记。各企业、单位可以根据实际需要来设置这类账簿，对某些经济业务的内容提供必要的参考资料。

需要注意的是，不是每个企业都要设置备查账簿，但对于会计制度规定的科目，如“应收票据”和“应付票据”等，必须按照制度规定设置备查账簿，账簿格式则可由企业根据需要自行设计。

原始凭证的完整、规范与合法

账务处理中只有经审核完整、规范且合法的原始凭证才能作为记账的依据，故审核原始凭证是会计核算工作中必不可少的环节，会计人员主要应从原始凭证的合理合法性与完整正确性两个方面进行审核。

会计业务处理中常见的原始凭证有现金支票、借款单、收据、费用报销单、承兑汇票、对账单和发票等。下面主要介绍现金支票、收据及发票的审核要点。

1. 现金支票的审核要点

现金支票是指存款人用以向银行提取或支付给收款人现金的一种支票，其样式如图 1-6 所示。

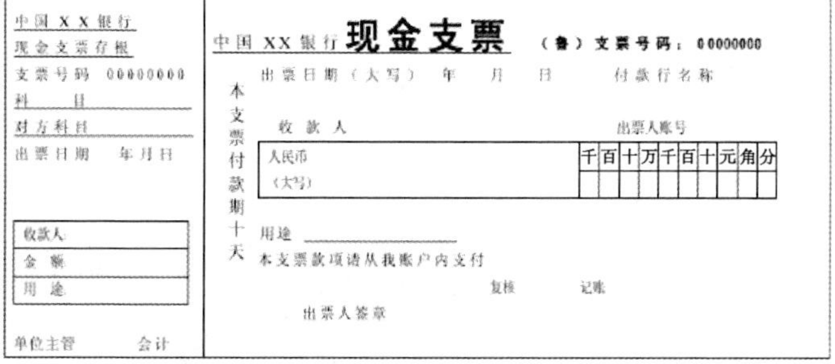
中国 X X 银行
现金支票存根
支票号码 00000000
科 目
对方科目
出票日期 年 月 日
收款人
金 额
用 途
单位主管 会计

中国 XX 银行 现金支票 （鲁）支票号码：0000000
本支票付款期十天
出票日期（大写） 年 月 日 付款行名称
收款人 出票人账号
人民币（大写） 千 百 十 万 千 百 十 元 角 分
用途
本支票款项请从我账户内支付
复核 记账
出票人签章

图 1-6　现金支票（图样）

现金支票审核要点如下：

- ◆ 支票是否是统一规定印制的凭证，支票的填列内容是否真实，提示付款期限是否超过。
- ◆ 出票人的签章是否符合规定，并核对其签章与预留银行签章是否相符；使用支付密码的，其密码是否正确。
- ◆ 出票日期、金额和收款人等必须记载的事项是否齐全，是否有更改，更改是否由原记载人签章证明。
- ◆ 出票人账户是否有足够支付的款项。
- ◆ 支取的现金是否符合现金管理规定。

2. 收据的审核要点

收据是财政部门印制的、盖有财政票据监制章的收付款凭证，是企事业单位在经济活动中使用的原始凭证，用于行政事业性收入，其样式如图 1-7 所示。

收款收据存根　№

收款日期　年　月　日

付款单位（交款人）		收款单位（领款人）		收款项目	
人民币（大写）		千 百 十 万 千 百 十 元 角 分			结算方式
收款事由			经办	部门人员	
上述款项照数收讫无误。 收款单位财会专用单： （领款人签章）		会计主管	稽核	出纳	交款人

第一联 由收款单位留查

图 1-7　收据（图样）

收据的审核要点如下：

- ◆ 记录要真实，符合有关经济业务的实际情况。
- ◆ 内容要完整，所要求填列的项目必须逐项填列齐全。

◆ 手续要完备，对外开出的收据必须加盖本单位公章；从外部取得的收据，必须盖有填制单位的公章；从个人取得的收据，必须有填制人员的签名盖章。

◆ 书写要清楚、规范，要按规定填写，文字要简要，字迹要清楚，易于辨认。

3. 发票的审核要点

发票是指经济活动中，由出售方向购买方签发的票据，内容包括向购买者提供产品或服务的名称、质量和协议价格等。

除了预付款情况以外，由于发票必须具备的要素是根据议定条件由购买方向出售方付款，因此必须包含日期和数量。它是会计账务的重要凭证，其样式如图 1-8 所示。

××增值税专用发票　　NO. 00000000

发　票　联　　开票日期：　年　月　日

购买方	名称： 纳税人识别号： 地址、电话： 开户行及账号：	密码区	

货物或应税劳务、服务名称	规格型号	单位	数量	单价	金额	税率	税额
合　计							
价税合计（大写）	（小写）¥						

销售方	名称： 纳税人识别号： 地址、电话： 开户行及账号：	备注	

收款人：　　复核：　　开票人：　　销售方（章）：

图 1-8　发票（图样）

发票的审核要点如下：

◆ 购买方名称必须是全称且无错别字，购买方纳税人识别号要填写正确，写错加盖发票章无效。

- 发票专用章的加盖要合规，不允许加盖多个发票专用章，也不得在发票上同时加盖公章和财务章。

- 查看发票专用章的纳税人识别号是否与销售方信息栏中的纳税人识别号一致。

- 增值税专用发票全部打印区内容都不能压线、错格，专用发票必须查询真伪。

- 国税通用机打发票必须严防套票和走逃失联发票。

- 定额发票主要包括地铁充值发票、门票、停车票和部分地区的餐费发票，要严防套票和假票。

收入确认账务处理与涉及的风险

收入是指企业在日常活动中形成的、会导致所有者权益增加的与所有者投入资本无关的经济利益的总流入。按照企业从事日常活动的性质不同，可以将收入分为销售商品收入、提供劳务收入和让渡资产使用权收入。

下面我们就商品销售业务讨论一下销售业务流程、与收入相关的账户设置、销售收入确认的账务处理及可能涉及的风险。

1. 销售业务流程

销售过程的主要任务是将自产的产品销售出去，取得销售收入，补偿企业耗费并实现经营指标，它是工业企业生产经营过程的最后阶段。常见的销售业务流程如图 1-9 所示。

客户	审批部门	生产部门	销售部门	仓储部门	财务部门
客户订单			受理订单		
	否		检查信用		
		否	制订销售计划与赊销方案		
	审批	是	发出生产订单		
		实施生产	拟定销售合同		
	审批	否			
		是	销售发货通知单		
				出库单	
					销售发票
客户签收				发货	会计核算
				出入库台账	对账/盘存
		否	折让/退货处理方案		
	审批				
		是	折让/退货通知单	验收入库单	会计核算
			收款		

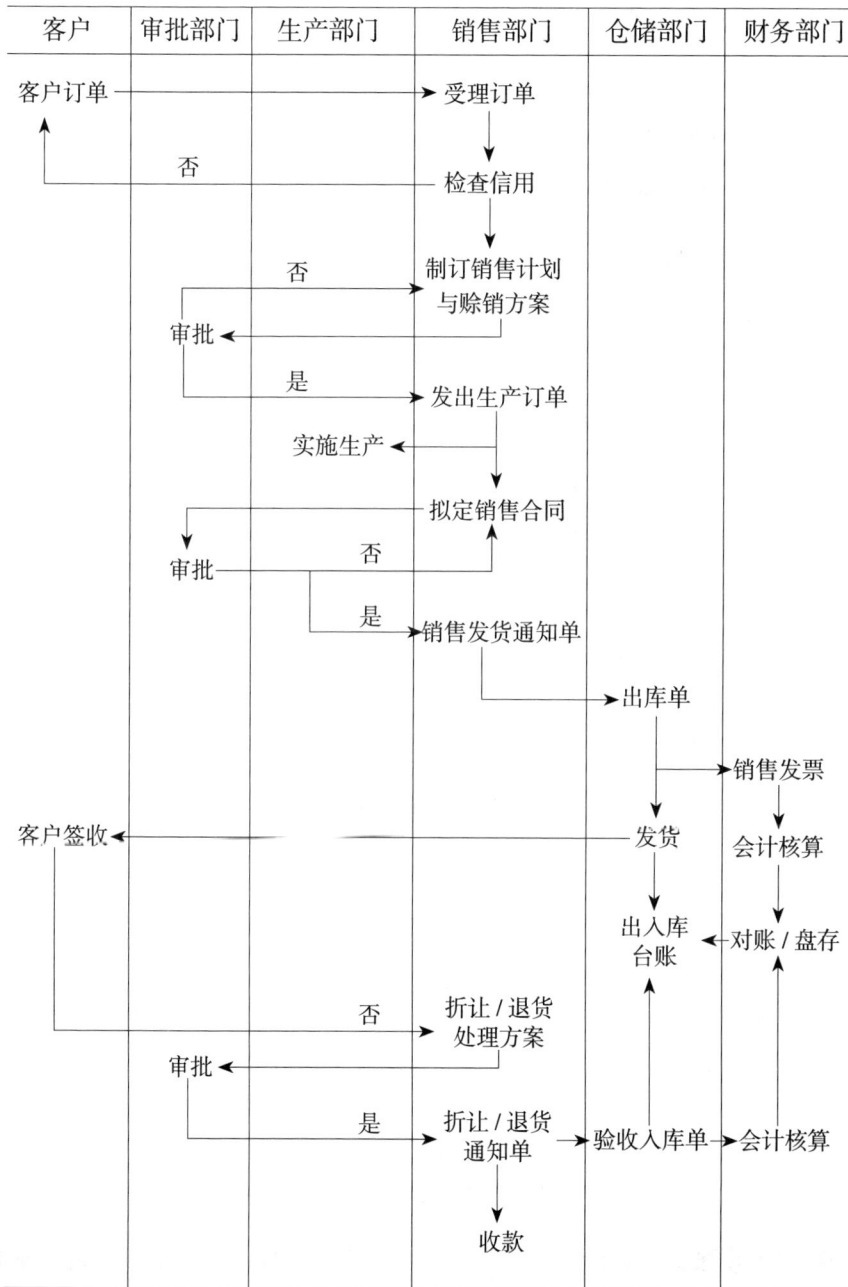

图 1-9　销售业务流程图

2. 与收入相关的账户设置

营业收入是企业持续经营与获取利润的前提，企业应当正确记录和反映与客户之间的交易产生的收入及相关成本费用的情况。营业收入在企业财务管理中具有重要的地位，是企业的一项重要的财务指标。

在财务核算中，与收入相关的科目主要有"主营业务收入""主营业务成本""其他业务收入""其他业务成本""应收账款""应收票据""预收账款""税金及附加"和"应交税费——应交增值税（销项税额）"等。

下面讲几个重点科目的账户设置。

◆ **"主营业务收入"账户**：损益类账户，核算企业销售商品实现的收入，该账户期末结转后无余额，账户结构如图 1-10 所示。

借	主营业务收入	贷
期末将本月商品销售收入转入"本年利润"账户的数额	已售商品所实现的销售收入	

图 1-10　"主营业务收入"账户结构

◆ **"主营业务成本"账户**：损益类账户，核算企业已销售商品的成本，该账户期末结转后无余额，账户结构如图 1-11 所示。

借	主营业务成本	贷
已销商品的成本	期末将本月销售成本转入"本年利润"账户的数额	

图 1-11　"主营业务成本"账户结构

◆ **"应收账款"账户**：资产类账户，核算企业因销售商品应向购货单位收取但尚未收取的货款。一般为借方余额，如期末余额在贷方，则代表企业预收的账款，其账户结构如图 1-12 所示。

借	应收账款	贷
企业应向购货单位收取的货款	收回应收的货款数额	
期末余额：尚未收回的应收货款		

图 1-12 "应收账款"账户结构

◆ **"税金及附加"账户**：损益类账户，核算企业由于销售商品等经营活动而发生的有关城市维护建设税、消费税及教育费附加等税费。该账户期末结转后无余额，其账户结构如图 1-13 所示。

借	税金及附加	贷
已销商品或材料等发生的销售税金及附加	期末将本月销售税金及附加转入"本年利润"账户的数额	

图 1-13 "税金及附加"账户结构

3. 销售收入确认的账务处理

根据《企业会计准则第 14 号——收入》的要求，企业销售商品收入的确认必须同时满足以下条件：

◆ 企业已将商品所有权上的主要风险和报酬转移给购货方。

◆ 企业既没有保留通常与所有权相联系的继续管理权，也没有对已售出的商品实施有效控制。

◆ 收入的金额能够可靠地计量。

◆ 相关的经济利益很可能流入企业。

◆ 相关的已发生的成本能够可靠地计量。

下面我们通过一个综合案例来了解具体业务中收入确认的账务处理。

【案例分析】——收入确认的账务处理

A 汽车配件生产公司为增值税一般纳税人，适用增值税税率为 13%，向各大工厂销售汽车配件，2×20 年 10 月 A 公司发生的业务如下：

（1）8 日，A 公司销售产品 300 000.00 元，产品成本 200 000.00 元，已收到对方签发的商业汇票。

（2）10 日，预收 M 工厂货款 50 000.00 元存入银行。

（3）15 日，赊销一批货给 L 工厂，该批货成本为 260 000.00 元，开出的增值税发票上不含税价款为 388 000.00 元，货款暂未收到。

（4）17 日，向预收货款的 M 工厂销售产品 10 000 件，每件不含税售价为 16.00 元，成本为 11.00 元，同日对公账户收到差额货款。

（5）23 日，收到 L 企业背书转让的承兑汇票，抵偿本月 15 日赊销欠款。

（6）29 日，再次赊销一批货给 L 工厂，货物成本为 120 000.00 元，售价为 258 000.00 元，税票已开，货款未收。另为对方代垫运费 3 000.00 元。

（7）31 日，上月销售的产品退回（货款已收），退回产品的成本为 15 000.00 元，对应已确认的销售收入为 20 000.00 元，增值税发票已开。

对于上述业务，A 公司 2×20 年 10 月应进行如下账务处理。

（1）增值税销项税额 =300 000.00×13%=39 000.00（元）。

借：应收票据	339 000.00
贷：主营业务收入	300 000.00
应交税费——应交增值税（销项税额）	39 000.00
借：主营业务成本	200 000.00
贷：库存商品	200 000.00

（2）确认预收账款。

借：银行存款	50 000.00
贷：预收账款——M 工厂	50 000.00

（3）增值税销项税额 =388 000.00×13%=50 440.00（元）。

借：应收账款——L 工厂　　　　　　　　　　　438 440.00

　　贷：主营业务收入　　　　　　　　　　　　　388 000.00

　　　　应交税费——应交增值税（销项税额）　　 50 440.00

借：主营业务成本　　　　　　　　　　　　　　260 000.00

　　贷：库存商品　　　　　　　　　　　　　　　260 000.00

（4）增值税销项税额 =10 000×16.00×13%=20 800.00（元）。

借：预收账款——M 工厂　　　　　　　　　　　 50 000.00

　　银行存款　　　　　　　　　　　　　　　　130 800.00

　　贷：主营业务收入　　　　　　　　　　　　　160 000.00

　　　　应交税费——应交增值税（销项税额）　　 20 800.00

主营业务成本 =10 000×11.00=110 000.00（元）。

借：主营业务成本　　　　　　　　　　　　　　110 000.00

　　贷：库存商品　　　　　　　　　　　　　　　110 000.00

（5）转销应收账款，增加应收票据账面价值。

借：应收票据　　　　　　　　　　　　　　　　438 440.00

　　贷：应收账款——L 工厂　　　　　　　　　　438 440.00

（6）增值税销项税额 =258 000.00×13%=33 540.00（元）。

借：应收账款——L 工厂　　　　　　　　　　　294 540.00

　　贷：主营业务收入　　　　　　　　　　　　　258 000.00

　　　　应交税费——应交增值税（销项税额）　　 33 540.00

　　　　银行存款　　　　　　　　　　　　　　　 3 000.00

借：主营业务成本　　　　　　　　　　　　　　120 000.00

　　贷：库存商品　　　　　　　　　　　　　　　120 000.00

（7）冲销已确认的销售收入、成本和增值税税额。

应冲销的增值税销项税额 =20 000.00×13%=2 600.00（元）

借：主营业务收入　　　　　　　　　　　　　　20 000.00

　　　应交税费——应交增值税（销项税额）　　　2 600.00

　　　　贷：银行存款　　　　　　　　　　　　　　　　22 600.00

借：库存商品　　　　　　　　　　　　　　　　15 000.00

　　　贷：主营业务成本　　　　　　　　　　　　　　　15 000.00

4.收入确认涉及的风险

由于会计准则与税法规定稍有不同，在企业经营过程中，某些业务发生时，会计上未确认收入，但在缴税时需要确认收入，致使企业在不同的业务处理上时常会产生差异。如果财务人员不能清晰地了解与处理，在税收的缴纳过程中就会滋生风险。在此，我们列举几种常见的企业所得税收入"大于"会计收入的情形。

- ◆ 企业资产用于职工奖励或福利。

- ◆ 企业资产用于对外捐赠。

- ◆ 企业资产用于交际应酬。

- ◆ 企业资产用于市场推广。

- ◆ 企业资产用于股息分配。

根据国税函〔2008〕828号文第二条规定，企业将资产用于职工奖励或福利、对外捐赠、交际应酬、市场推广或销售以及股息分配时，因资产所有权属已发生改变而不属于内部处置资产，应按规定视同销售并确定收入。下面我们通过案例看税会处理的具体差异。

【案例分析】——企业自产产品发放员工福利的税会处理差异

某饮料生产企业，国庆期间给员工每人发放一箱招牌饮料，该饮料生产成本120.00 元 / 箱，市场售价 380.00 元 / 箱，共发放 100 箱。

在不考虑增值税及其他税费的情况下，该企业发放饮料的会计处理具体如下：

借：管理费用——福利费　　　　　　　　　　　　　　12 000.00

　　贷：应付职工薪酬——非货币性福利　　　　　　　　　12 000.00

借：应付职工薪酬——非货币性福利　　　　　　　　　12 000.00

　　贷：库存商品　　　　　　　　　　　　　　　　　　12 000.00

但在税法上，企业在年终进行所得税汇算清缴时，要进行纳税调整，确认视同销售收入 38 000.00 元（即按照市场价格确定的价值确认收入），确认视同销售成本 12 000.00 元。

通过案例可知，在发生上述事项时，会计进行账务处理时会以货物的成本价确认各项支出或费用。前述事项对应的科目分别为"管理费用——福利费""营业外支出""管理费用——招待费""管理费用——推广费"与"利润分配"，但企业在年终进行所得税汇算清缴时，要以按公允价值确认的销售收入来进行纳税调整，否则会被税务机关追缴少缴纳的税款、滞纳金与罚款。

上面主要讨论的是税会差异易滋生的税务风险，这只是企业收入确认中存在的一方面风险，另一方面，企业若"随意虚增销售收入""提前确认销售""销售后移"等做法，都会引发风险。

《中华人民共和国会计法》（以下简称《会计法》）第二十六条规定，即公司、企业进行会计核算不得有下列行为：①随意改变资产、负债、所有者权益的确认标准或者计量方法，虚列、多列、不列或者少列资产、负债、所有者权益；②虚列或者隐瞒收入，推迟或者提前确认收入；③随意改变费用、成本的确认标准或者计量方法，虚列、多列、不列或者少列费用、成本；④随意调整利润的计算、分配方法，编造虚假利润或者隐瞒利润；⑤违反国家统一的会计制度规定的其他行为。一旦被查出，企业将承担法律责任。

5. 初步了解新收入准则

2017 年财政部发布修订后的新收入准则，规定境内上市企业自 2020 年 1 月 1 日起施行；执行企业会计准则的非上市企业自 2021 年 1 月 1 日起施行。

新准则下收入确认以"合同"为起点，要求财务人员懂经营、懂合同且懂业务，提高了企业对财务人员的要求，同时新收入准则不仅影响到企业财务报表数据，也影响到税务策划和薪酬规划等各个方面。我们先通过表 1-1 对比分析新旧准则的不同，再以案例分别呈现两种准则下收入的确认与账务处理。

表 1-1 新旧准则的差异

旧准则	新准则
销售商品	采用了"五步法"收入确认模型来确认和计量收入，不再区分销售商品、提供劳务和建造合同等具体交易形式，而是按照统一收入确认模型来确认收入
提供劳务	
让渡资产使用权	
建造合同	

【案例分析】——药品销售退回的账务处理

A 医药企业 2×20 年 10 月实现销售收入 1 000.00 万元，另外发生销售退回共 70.00 万元，退回的药品是于 2×20 年 7 月销售给客户的，款项已收。本月正常销售的药品成本为 400.00 万元，退回药品的成本为 30.00 万元。

原准则下：A 公司 2×20 年 7 月销售该批药品的收入为 70.00 万元，成本为 30.00 万元，毛利为 40.00 万元；2×20 年 10 月销售收入为 930.00 万元，成本为 370.00 万元，毛利为 560.00 万元。

新准则下：A 公司 2×20 年 7 月销售收入为 0.00 万元，应付账款 70.00 万元，发出商品为 30.00 万元；2×20 年 10 月销售收入为 1 000.00 万元，成本 400.00 万元，毛利 600.00 万元，需冲平应付账款与发出商品。

根据新收入准则第三十二条的规定："对于附有销售退回条款的销售，企业应当在取得相关商品控制权时，按照因客户转让商品而预期有权收取的对价金额确认收入，按照预期因销售退回将退还的金额确认负债；同时，按照预期将退回商品转让时的账面价值，扣除收回该商品预计发生的成本后的余额，确认为一项资产，按照所转让商品转让时的账面价值，扣除上述资产成本的净额结转成本。每一资产负债表日，企业应当重新估计未来销售退回情况，如有变化，应当作为会计估计变更进行会计处理。"

由此可见，新准则要求财务人员能预测收取的收入、未来的销售退回以及收回退回商品发生的成本等，极大地提高了对财务人员的要求。

【案例分析】——销售软件并提供安装服务的账务处理

B 软件开发公司销售软件并提供安装服务，2×20 年 10 月，B 公司销售给客户某软件并进行安装，与客户签订的合同未分开计价，总价共 30.00 万元。如果单独销售该软件为 26.00 万元，单独安装价格为 8.00 万元。

原准则下：B 公司确认销售软件收入 30.00 万元。

新准则下：B 公司确认销售软件收入和安装软件收入按分开的价格比例进行分摊，销售软件收入 $=30.00×26.00÷（26.00+8.00）=22.94（万元）$，安装软件收入 $=30.00×8.00÷（26.00+8.00）=7.06（万元）$。

根据新收入准则第二十条的规定："合同中包含两项或多项履约义务的，企业应当在合同开始日，按照各单项履约义务所承诺商品的单独售价的相对比例，将交易价格分摊至各单项履约义务。企业不得因合同开始日之后单独售价的变动而重新分摊交易价格。"

在本案例中还值得注意的是，销售软件与安装软件的增值税税率是不同的，前者为 13%，后者为 9%，公司可以据此进行税务策划。

成本核算中的问题与风险

成本是商品经济的一个经济范畴，具体是指企业为生产产品、提供劳务而发生的各项耗费。将企业在生产经营过程中发生的各种耗费按照一定的对象进行分配和归集，以计算总成本和单位成本，这就是成本核算。成本核算的正确与否会直接影响企业的成本预测、计划、分析、考核和改进等控制工作，并且对企业的成本决策和经营决策也有重大影响。

下面我们介绍常用的成本类科目、成本核算流程、成本核算方法及应用案例，同时带大家了解一下成本核算中的风险及应对办法。

1. 成本类科目

成本类科目是反映成本费用和支出的，用于核算成本的发生和归集情况，提供成本相关会计信息的会计科目。通常可以分为生产成本、制造费用、劳务成本、研发支出和工程施工。

◆ **生产成本**：又称制造成本，是企业为生产产品而发生的成本，包括各项直接支出和制造费用。直接支出包括直接材料（原材料、辅助材料和燃料及动力等）、直接人工（生产人员的工资和补贴等）和其他直接支出。

◆ **制造费用**：指企业为生产产品和提供劳务而发生的各项间接成本，包括产品生产成本中除直接支出以外的其余一切生产成本。具体有各生产单位管理人员的工资、福利费，劳动保护费，房屋建筑费，季节性生产和修理期间的停工损失等。

◆ **劳务成本**：指企业对外提供劳务而发生的各项成本，房地产开发企业可将本科目改为"开发成本"科目。

◆ **研发支出**：指企业研究与开发无形资产过程中发生的各项支出，可按研究开发项目，分别通过"费用化支出"和"资本化支出"明细科目进行明细核算。

◆ **工程施工**：该科目是建筑安装企业归集核算工程成本的专用核算科目，本科目期末借方余额，反映企业尚未完工的建造合同成本和合同毛利。

2. 成本核算流程

成本核算一般有四步程序：①确定成本计算对象，设置成本明细账；②对各项费用支出进行审核和控制；③将本期费用在各种产品之间进行归集和分配；④将计入各产品成本的费用在完工产品与在产品之间进行归集和分配，结转完工产品成本。

材料、人工和其他费用的核算流程如图 1-14、图 1-15 和图 1-16 所示。

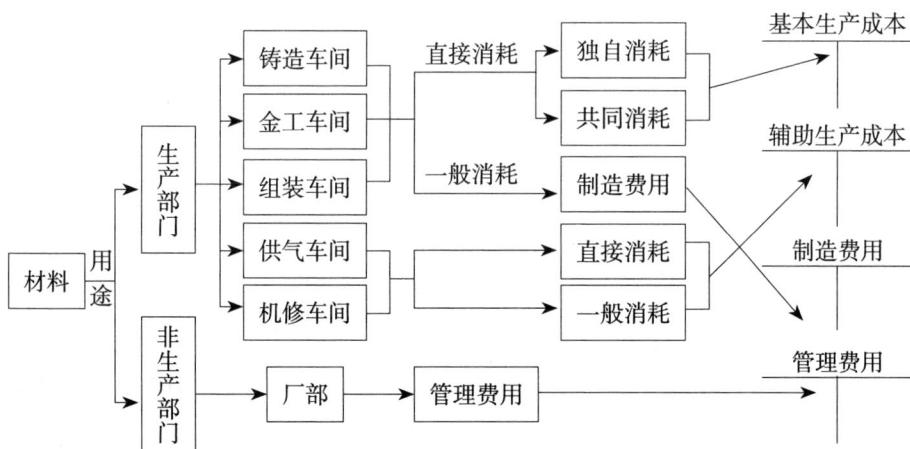

图 1-14　材料成本的核算与归集流程图

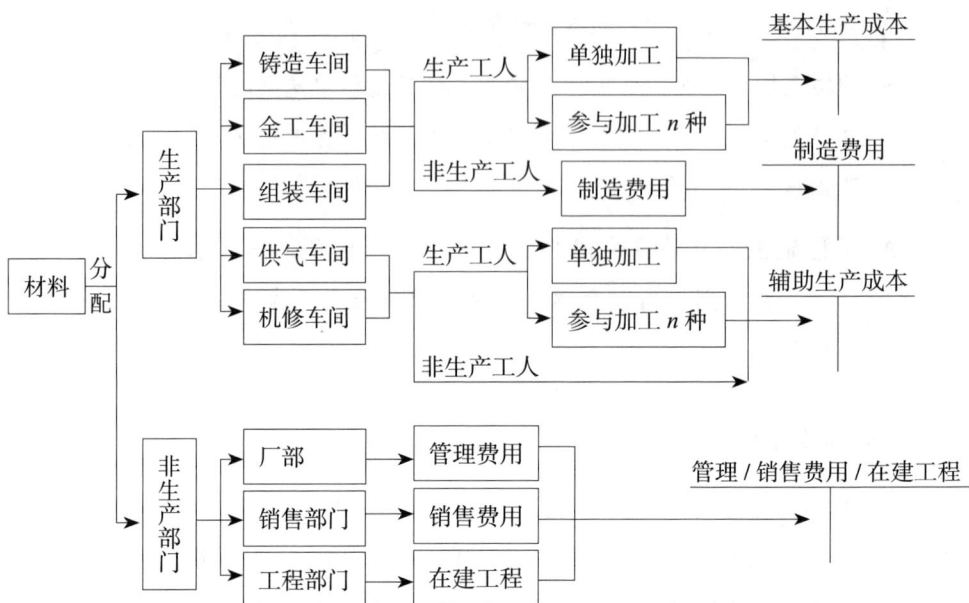

图 1-15　人工成本的核算与归集流程图

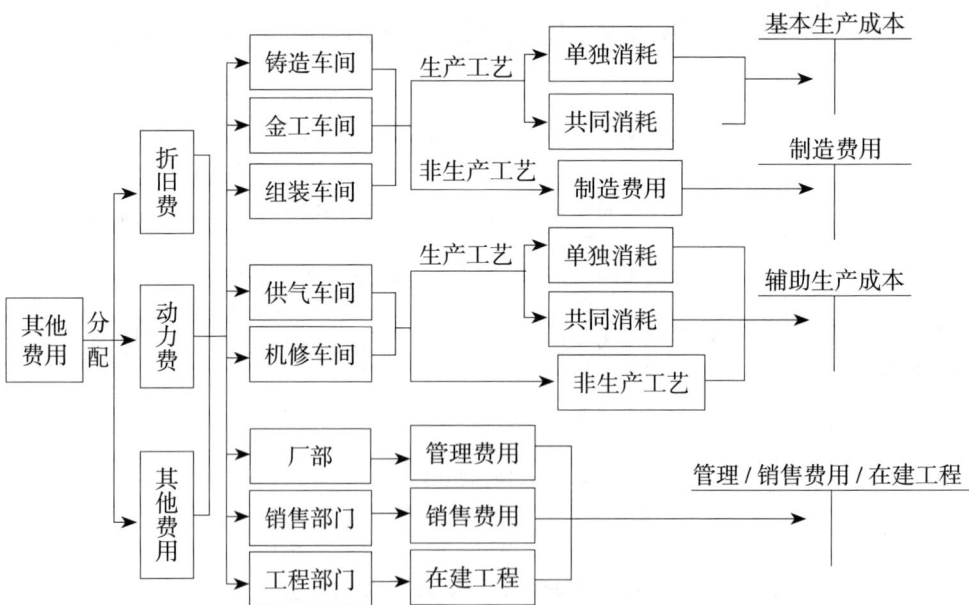

图 1-16　其他费用的核算与归集流程图

3. 成本核算方法

成本核算要求在做好各项基础工作的前提下，正确划分各种费用支出的界限，然后根据生产特点选择适当的成本计算方法。下面我们通过案例来了解不同环节成本核算方法的选择。

（1）材料费用和人工成本的归集与分配。

该环节的成本核算遵循以下公式：

分配率 = 待分配消耗总和 ÷ 分配标准之和

分配额 = 某产品所耗标准 × 分配率

💣提醒

在这一环节核算成本时，可根据产品生产特点，用产品重量、消耗定额和生产工时等作为分配标准。

【案例分析】——材料费用的归集和分配

2×20 年 10 月，某工业企业生产 A、B 两种产品共领用甲材料 7 000 公斤，每公斤 25.00 元。本月投产的 A 产品 300 件，B 产品 160 件。每件 A 产品消耗甲材料定额为 8 公斤，每件 B 产品消耗甲材料定额为 16.25 公斤。A、B 产品分别负担的材料费用计算过程如下：

每公斤材料分配率 =7 000×25.00÷（300×8+160×16.25）=35.00（元 / 公斤）

A 产品负担的材料费用 =300×8×35.00=84 000.00（元）

B 产品负担的材料费用 =160×16.25×35.00=91 000.00（元）

【案例分析】——人工成本的归集和分配

2×20 年 10 月，某工业企业生产 A、B 两种产品，共支付生产工人职工薪酬 150.00 万元，A 产品的生产工时为 300 小时，B 产品的生产工时为 700 小时。按生产工时比例分配人工成本如下：

生产工资费用分配率 =150.00÷（300+700）=0.15（万元 / 时）

A 产品应分配的人工成本 =300×0.15=45.00（万元）

B 产品应分配的人工成本 =700×0.15=105.00（万元）

（2）辅助生产费用的归集与分配。

该环节可以使用的方法有直接分配法、交互分配法和计划成本分配法等。

【案例分析】——同一情形下辅助生产费用的不同分配方法的区别

A 工业企业设有机修和供电两个辅助生产车间。2×20 年 10 月在分配辅助生产费用之前，机修车间发生费用 50 000.00 元，提供修理工时 200 小时，其中供电车间 40 小时；供电车间发生费用 180 000.00 元，供电量 300 000 度，其中机修车间耗用 100 000 度。其他车间耗用修理工时和耗电数如图 1-17 所示。

项　目	机修车间		供电车间		合计（元）
辅助生产车间	修理工时	修理费用（元）	供电度数	供电费用（元）	
待分配辅助生产费用	160	50 000.00	200 000	180 000.00	230 000.00
分配率		312.50		0.90	
基本生产车间耗用	100	31 250.00	120 000	108 000.00	139 250.00
销售部门耗用	40	12 500.00	40 000	36 000.00	48 500.00
管理部门耗用	20	6 250.00	40 000	36 000.00	42 250.00
合计	160	50 000.00	200 000	180 000.00	230 000.00

图 1-17　其他车间耗用的辅助生产费用

①直接将各辅助生产车间发生的费用分配给辅助生产以外的各个单位，根据各耗用部门不同，将基本生产车间耗用计入制造费用，销售部门耗用计入销售费用，管理部门耗用计入管理费用，即用直接分配法。编制如下会计分录：

借：制造费用　　　　　　　　　　　　　　139 250.00

　　销售费用　　　　　　　　　　　　　　 48 500.00

　　管理费用　　　　　　　　　　　　　　 42 250.00

　　贷：辅助生产成本——机修车间　　　　　　　50 000.00

　　　　　　　　　　——供电车间　　　　　　 180 000.00

②首先对各辅助生产车间内部相互提供的劳务进行分配，再将分配后的实际

成本按对外提供的劳务数量在辅助生产车间以外的各个单位之间分配，即用交互分配法。根据题干和图 1-17 可编制如图 1-18 所示的分配表及如下会计分录：

辅助生产车间			交互分配			对外分配		
			机修	供电	合计（元）	机修	供电	合计（元）
待分配辅助生产费用			50 000.00	180 000.00	**230 000.00**	100 000.00	130 000.00	**230 000.00**
供应劳务数量			200	300 000		160	200 000	
分配率（元）			250.00	0.60		625.00	0.65	
辅助生产车间耗用	机修车间	耗用量		100 000				
		分配金额		60 000.00	60 000.00			
	供电车间	耗用量	40					
		分配金额	10 000.00		10 000.00			
	小计		**10 000.00**	**60 000.00**	**70 000.00**			
基本生产车间耗用		耗用量				100	120 000	
		分配金额				62 500.00	78 000.00	**140 500.00**
销售部门耗用		耗用量				40	40 000	
		分配金额				25 000.00	26 000.00	**51 000.00**
管理部门耗用		耗用量				20	40 000	
		分配金额				12 500.00	26 000.00	**38 500.00**
合计								**230 000.00**

图 1-18 交互分配法下费用的归集与分配

借：辅助生产成本——机修车间 　　　　　　　　　　60 000.00

　　　　　　　——供电车间 　　　　　　　　　　10 000.00

　　贷：辅助生产成本——机修车间 　　　　　　　　　　10 000.00

　　　　　　　　——供电车间 　　　　　　　　　　60 000.00

对外分配时，机修车间待分配辅助生产费用 =160×250.00+100 000×0.60= 100 000.00（元）；供电车间待分配辅助生产费用 =200 000×0.60+40×250.00= 130 000.00（元），会计分录如下：

借：制造费用 　　　　　　　　　　140 500.00

　　销售费用 　　　　　　　　　　51 000.00

　　管理费用 　　　　　　　　　　38 500.00

　　贷：辅助生产成本——机修车间 　　　　　　　　　　100 000.00

　　　　　　　　——供电车间 　　　　　　　　　　130 000.00

③辅助生产车间为各单位提供的劳务，都按劳务的计划单位成本进行分配，实际辅助生产车间发生的费用与按计划单位成本转出的费用之间的差额采用简化计算方法，全部计入管理费用，即用计划成本分配法。根据题干和图 1-17 可编制如图 1-19 所示的分配表及如下会计分录：

辅助生产车间			机修车间	供电车间	合计
待分配辅助生产费用			50 000.00	180 000.00	**230 000.00**
供应劳务数量			200	300 000	
计划单位成本			550.00	0.63	
辅助生产车间耗用	机修车间	耗用量		100 000	
		分配金额		63 000.00	**63 000.00**
	供电车间	耗用量	40		
		分配金额	22 000.00		**22 000.00**
	小计		22 000.00	63 000.00	**85 000.00**
基本生产车间耗用	耗用量		100	120 000	
	分配金额		55 000.00	75 600.00	**130 600.00**
销售部门耗用	耗用量		40	40 000	
	分配金额		22 000.00	25 200.00	**47 200.00**
管理部门耗用	耗用量		20	40 000	
	分配金额		11 000.00	25 200.00	**36 200.00**
按计划成本分配金额合计			110 000.00	189 000.00	**299 000.00**
辅助生产实际成本			113 000.00	202 000.00	**315 000.00**
辅助生产成本差异			3 000.00	13 000.00	**16 000.00**

图 1-19　计划分配法下费用的归集与分配

借：辅助生产成本——机修车间 63 000.00

　　　　　　——供电车间 22 000.00

　　制造费用 130 600.00

　　销售费用 47 200.00

　　管理费用 36 200.00

　　贷：辅助生产成本——机修车间 110 000.00

　　　　　　　——供电车间 189 000.00

再将辅助生产实际成本与按计划成本分配金额之间的差异计入管理费用。

借：管理费用　　　　　　　　　　　　　　　16 000.00

　　贷：辅助生产成本——机修车间　　　　　　3 000.00

　　　　　　　　　　——供电车间　　　　　13 000.00

根据上述案例可知，在分配辅助生产费用时，各方法有如下优缺点及适用性。

直接分配法最为简便，但由于未对辅助生产费用进行交互分配，其结果误差较大，适用于辅助生产内部相互提供的产品和劳务不多的企业。

交互分配法共有两次分配，提高了分配的正确性，但工作量大，适用于各辅助车间相互之间提供劳务数量较多的情况。

计划成本分配法以计划单位成本为依据分配辅助生产成本，便于考核和分析各受益单位的成本，有利于分清经济责任。但成本分配不够准确，适用于计划单位成本比较准确的企业。

此外，还有顺序分配法与代数分配法。顺序分配法是按照辅助生产车间受益多少的顺序分配费用，由前向后依序进行分配，分配方法简单，但结果不够准确，适用于各辅助生产车间相互受益程度有明显顺序的企业；代数分配法则是分配结果最准确的方法，但由于计算复杂，仅适用于已经实现电算化的企业。

（3）制造费用的归集与分配。

在该环节，制造费用的分配方法有很多，通常采用的方法有生产工人工资比例法、工人工时比例法、耗用原材料的数量比例法、耗用原材料的成本比例法、直接成本比例法和产品产量比例法等。企业应当根据制造费用的性质和生产特点，合理选择制造费用分配方法。

需要注意的是，分配方法一经确认，不得随意变更，否则违背了可比性原则，造成财务数据失真，不利于企业经营分析，进而影响企业做出决策。

（4）生产费用在完工产品和在产品之间的归集和分配。

在产品是指没有完成全部生产过程，不能作为商品销售的产品。在月末，如果既有完工产品又有在产品，则应当在完工产品与在产品之间采用适当的分配方法，将月初在产品生产成本与本月发生的成本之和进行归集和分配，以计算完工产品和月末在产品的成本。

- **不计算在产品成本法**：即每月发生的成本全部由完工产品负担，该方法适用于月末在产品数量很小的产品。

- **在产品按固定成本计价法**：即各月末在产品的成本固定不变，该方法适用于月末在产品数量很小的产品，或月末在产品数量较多，但各月变化不大的产品。

- **在产品按所耗直接材料成本计价法**：即月末在产品成本只计算其所耗直接材料成本，不计算直接人工等加工成本。该方法适用于各月月末在产品数量较多、数量变化也较大，直接材料成本在生产成本中所占比重较大且材料在生产开始时一次就全部投入的产品。

- **约当产量比例法**：将月末在产品数量按照完工程度折算为相当于完工产品的产量（即约当产量），然后按照完工产品产量与月末在产品约当产量的比例分配计算完工产品成本和月末在产品成本。该方法适用于月末在产品数量较多，各月在产品数量变化也较大，且生产成本中直接材料成本和直接人工等加工成本的比重相差不大的产品。

【案例分析】——约当产量比例法的应用

2×20 年 11 月，某公司生产 A 产品，完工产品产量 5 000 个，在产品数量 2 000 个，完工程度按平均 50% 计算；生产材料在开始生产时一次性投入，其他成本按约当产量比例分配。已知 A 产品月初在产品成本和本月耗用直接材料成本共计 140 000.00 元，直接人工成本 60 000.00 元，制造费用 90 000.00 元。

直接材料、直接人工成本和制造费用在完工产品与在产品之间的分配如下所示。

首先，因生产材料是一次性投入，故直接进行分配。

直接材料成本分配率 =140 000.00 ÷（5 000+2 000）=20.00（元 / 个）

完工产品应负担的直接材料成本 =5 000×20.00=100 000.00（元）

在产品应负担的直接材料成本 =2 000×20.00=40 000.00（元）

其次，直接人工成本和制造费用均应按约当产量进行分配。

在产品约当产量 =2 000×50%=1 000（个）

完工产品应负担的直接人工成本 =60 000.00÷（5 000+1 000）×5 000=50 000.00（元）

在产品应负担的直接人工成本 =60 000.00÷（5 000+1 000）×1 000=10 000.00（元）

完工产品应负担的制造费用 =90 000.00÷（5 000+1 000）×5 000=75 000.00（元）

在产品应负担的制造费用 =90 000.00÷（5 000+1 000）×1 000=15 000.00（元）

最后，根据 A 产品完工产品总成本编制完工产品入库的会计分录如下：

借：库存商品——A 产品　　　　　　　　　　　225 000.00

　　贷：生产成本——基本生产成本　　　　　　　　　225 000.00

◆ **在产品按定额成本计价法**：即产品的全部成本减去按定额成本计算的月末在产品成本，余额作为完工产品成本；每月生产成本脱离定额的超支差异或节约差异全部计入当月完工产品成本。该方法适用于各项消耗定额或定额成本相对稳定、准确且各月末在产品数量变化不是很大的产品。

◆ **定额比例法**：即生产成本在完工产品与在产品之间按照两者的定额消耗量或定额成本比例分配。该方法适用于各项消耗定额或成本定额稳定、准确，但各月末在产品数量变动较大的产品。

4. 成本核算中的风险与应对

根据《企业会计制度》的规定："企业应当根据本企业生产的特点，选择适合于本企业的成本核算对象、成本项目及成本计算方法"。因选择的多样性造成了不同企业核算方法的不一致，所以现行中小企业在成本核算的会计处理上普遍存在以下问题。

①在材料采购入库时不单独记增值税进项税额，而是采取价税合一的方法直接记入材料成本，进项税额按比例分摊至材料成本中。该操作会导致材料成本虚

增，造成企业内部核算不真实，最终影响企业的经营成果；此外，在账务上未记录增值税的增加或减少，从而也导致了国家税收核算不实。一般纳税人企业必须单独核算记录增值税进项税额和销项税额，它属于国家重要财政收入，不能混同于企业资产或收入，这也是纳税征管的需要。

②材料盘盈或盘亏时，直接增加或冲抵库存商品，导致在商品销售后，增加或减少了主营业务成本，造成了本年利润的不实，并影响企业所得税的计提，同时也掩盖了日常存货管理的漏洞。

③材料费和人工费不通过生产成本核算，直接按比例分摊计入"库存商品"成本。企业不能从账面上准确地反映生成产品所发生的"生产成本"和"制造费用"，不利于企业内部成本的考核和控制管理。

企业的会计报表是企业对内对外提供的重要资料，而其中企业生产成本是整个财务成果的核心和基础。由于会计核算不规范导致成本不实，进而导致会计信息的失真和会计报表的不真实，为企业内部控制管理造成负面影响。建议中小企业在成本核算中能够规范确定成本核算对象，选择适当的费用分配标准，加强成本核算的基础工作，科学选择成本计算方法并强化对成本计算不实的检查，以此改进成本核算中的问题，规避风险。

关联交易风险与防范

关联方是指一方控制、共同控制另一方或对另一方施加重大影响，以及两方或两方以上受同一方控制、共同控制的经济活动各方。

关联方交易是指关联方之间发生转移资源或义务的事项，而不论是否收取价款。关联交易具有两面性，具体表现在：①关联方之间进行交易的信息成本、监督成本和管理成本要少，可节约交易成本，故关联方交易可作为公司集团实现利润最大化的基本手段；②虽然关联方交易在法律上是平等的，但在事实上是不平等的，关联人在利己动机的诱导下，往往滥用对公司的控制权，导致不公平、不公正的关联交易的发生，进而损害公司及其他利益相关者的合法权益。

因此，明确公司不当关联交易的风险并采取正当合法的防范措施对公司的经营管理有着重要作用。

1. 常见的不当关联交易类型

不当关联交易是指关联方利用非公允价格和其他不当方式在关联方之间转移资源和义务，同时不能公平合理地转移风险和收益。我国《中华人民共和国公司法》（以下简称《公司法》）第二十一条规定："公司的控股股东、实际控制人、董事、监事、高级管理人员不得利用其关联关系损害公司利益。违反前款规定，给公司造成损失的，应当承担赔偿责任。"该条文对不当关联交易行为做出了禁止性规定。

几种常见的不当关联交易类型见表 1-2。

表 1-2　常见的不当关联交易类型

类　型	操　作
资产转让	将优质资产低价转让给关联方，或者以高价从关联方购买劣质资产
资产租赁	与关联公司签订租赁合同，租用公司土地、厂房或设备等，但不合理支付租金
资金占用	为关联公司提供借款但不收取借款利息
产品买卖	高价向关联公司出售商品或低价从关联方购买商品
提供劳务	无偿为关联公司提供劳务

上述几种不当关联交易类型虽然表现形式不同，但是它们有一个共同点，即关联方利用自身身份的优势地位，不经过法定程序，促使公司与关联方以不合理价格进行关联交易，将公司利益转移至关联方，实现自身获益，同时导致公司利益受损。

2. 关联方往来涉及的税务风险

随着企业发展规模不断扩大，集团化的运营模式越来越多，经济业务越来复杂，充分利用税收优惠政策可以减轻税负。然而税收策划方案应有合理的商业目的和经济业务实质，否则会使企业面临纳税调整，也会承担相应法律责任的风险。关联交易的涉税风险主要有四点，具体见表1-3。

表1-3　关联交易的涉税风险

风　险	说　明
违背独立交易原则	按照我国税法规定，关联交易应遵循独立交易原则，关联交易产生的利润应与独立企业经营获取的利润基本一致，否则将面临税务机关的转让定价调查的风险
关联交易定价不公允	市场经济条件下，定价主要取决于市场的供求关系，而在利用关联交易节税时，很多是通过关联交易的定价来实现的。关联交易的价格是否公允是税务机关关注的重点，如果税务机关认为定价合理，则不再主张补税，否则要进行关联交易避税的纳税调整，也就是要补税和加收利息
利用税收政策差异设计关联交易	在没有实质经济业务的基础上，利用不同国家和地区的不同税收政策，在关联方主体间操作进行关联交易，使企业达到税收利益最大化。这会造成不同区域的税源流失，必然会引起本区域税务机关的关注
未按规定履行关联申报	依据国家税务总局公告2016年第42号《国家税务总局关于完善关联申报和同期资料管理有关事项的公告》规定，进行申报及同期资料的准备、提供和保存。如未按规定履行，企业将面临行政处罚、反避税调查和增加罚息等风险

3. 如何防范不当关联交易

为避免不当关联交易给公司造成经济损失和引起不必要的法律纠纷，公司管理人员在了解《公司法》中关于关联交易的法律规定的基础上，还应加强公司内部制度建设，从以下几个方面采取关联交易的风控措施：

◆ 完善关联交易定价机制，实现对公司利益的基本保证。

◆ 规范关联交易审批制度，完善审批流程，降低不当关联交易发生概率。

◆ 强化外部监管措施，建立关联交易信息披露制度。

分清职工薪酬与劳务费

职工薪酬是指企业为获得职工提供的服务或解除劳动关系而给予员工各种形式的报酬或补偿。具体包括：短期薪酬、离职后福利、辞退福利和其他长期职工福利。企业提供给职工配偶、子女、受赡养人、已故员工遗属及其他受益人等的福利，也属于职工薪酬。而劳务费是指个人独立从事各种非雇佣的劳务所取得的报酬。

1. 职工薪酬与劳务费的区别

职工薪酬与劳务费用主要在适用法律、管理方式、财务核算和税务管理等方面存在区别，见表 1-4。

表 1-4　职工薪酬与劳务费的对比

区　　别	职工薪酬	劳务费
适用法律	指按《中华人民共和国劳动法》（以下简称《劳动法》）第十六条规定用人单位和劳动者签订劳动合同后支付的工资报酬。签订劳动合同的员工享有并承担《劳动法》规定的权利和义务，和用工单位存在雇佣与被雇佣的关系，用人单位除了支付工资报酬外，还应履行缴纳社会保险的义务	一般是根据《中华人民共和国合同法》（以下简称《合同法》）的有关承揽合同、技术合同和居间合同等规定签订合同而取得的报酬。劳务费涉及的当事人双方不存在雇佣与被雇佣的关系，其劳动具有独立性和自由性，其行为受《合同法》约束
管理方式	支付工资的员工都记载在企业的职工名册中，并且企业日常会进行考勤或签到	支付劳务报酬的人员一般不进行日常考勤或签到的管理
财务核算	工资报酬的支付一般通过"应付职工薪酬"科目核算	劳务报酬一般通过"生产成本""管理费用""销售费用"等科目核算
税务管理	工资报酬的支付应用工资表按实列支，并按规定代扣代缴工资薪金对应的个人所得税	纳税人支付劳务报酬则需要取得相应的劳务发票，并按规定代扣代缴劳务报酬对应的个人所得税

2.劳务费的实务处理与风险

按照规范做法，个人劳务费处理需由企业代扣代缴个人所得税，即会计在进行账务处理时，应先根据劳务性质将劳务费确认为管理费用、销售费用、研发费用、制造费用和生产成本等，然后在核算劳务报酬时先扣除个人所得税，再将扣除个人所得税后的剩余部分发放给个人。

那么，劳务报酬涵盖的行业有哪些呢？主要是指个人从事设计、装潢、安装、制图化验、测试、医疗、法律、会计、咨询、讲学、新闻、广播、翻译、审计、书画、雕刻、影视、录音、录像、演出、表演、广告、展览、技术服务、介绍服务、经纪服务、代办服务以及其他劳务。

个人劳务报酬的个人所得税适用的税率见表1-5。

表1-5　个人劳务报酬的个人所得税税率表

级　数	每次应纳税所得额	费用扣除数	税　率	速算扣除数
1	低于4 000元的部分	800元	20%	0
2	超过4 000元至20 000元的部分	劳务报酬的20%	20%	0
3	超过20 000元至50 000元的部分	劳务报酬的20%	30%	2 000
4	超过50 000元的部分	劳务报酬的20%	40%	7 000

但实际操作中，往往容易遇到以下问题。

①个人所得税由公司承担。用工单位与个人未在合同中明确约定需由公司代扣代缴个人所得税，双方由此对劳务费的理解产生偏差，导致公司承担该部分个人所得税。此种情况下，公司应将该部分个人所得税支出计入"营业外支出"科目，且不得在企业所得税前扣除，这就增加了公司经营成本。

②未取得发票入账。一般来讲，单位向个人支付的劳务报酬，不属于增值税征收范围的，个人无须提供发票，企业直接制表发放；但属于增值税征税范围的，企业应取得个人代开的增值税发票，凭票报销，否则不能在公司所得税

前扣除。

③个人到税务局代开劳务费，需先提交申请，并根据当地税务局的要求提供一系列证明材料。下面举例说明个人代开劳务费发票需缴纳多少税费。

【案例分析】——个人代开劳务费

2×20 年第三季度，甲某每月给 A 公司提供个人劳务，并收取劳务费 8 000.00 元。根据约定，甲某需向 A 公司提供劳务费发票。若甲某到当地税务局代开劳务发票，则涉及的税款及金额如下：

甲某个人视同小规模纳税人，增值税按 3% 缴纳，则

应交增值税 =8 000.00÷（1+3%）×3%=233.01（元）

应交城市维护建设税 =233.01×7%=16.31（元）

应交教育费附加 =233.01×3%=6.99（元）

应交地方教育附加 =233.01×2%=4.66（元）

个人所得税按 1.5% 预交 =8 000.00×1.5%=120.00（元）

甲某拿到发票到公司收取劳务费时，公司应对剩余的个人所得税做代扣代缴处理。

需代扣代缴的个人所得税金额 =（8 000.00-233.01-16.31-6.99-4.66）×（1-20%）×20%-120.00=1 118.24（元）

综上，甲实际拿到金额 =8 000.00-233.01-16.31-6.99-4.66-120.00-1 118.24=6 500.79（元）。

3. 工资表中的涉税风险

企业在计算、核定并上报人员工资表时，往往容易忽略相关的税务问题。那么，工资表中有哪些税务问题需要加强重视才能避免风险呢？工资表的检查要点见表 1-6。

表 1-6　工资表的检查要点

检查要点	内　　容
个人所得税计算是否正确	重点检查工资表中代扣的个人所得税金额是否依法按照最新的税法规定计算，是否存在人为计算错误或故意少缴个人所得税的情况
人员是否真实	重点检查工资表上的员工是否属于公司真实的人员，是否存在虚列名册、假发工资的现象
工资是否合理	企业应制定较为合理的工资薪酬制度，符合行业及地区水平，工资调整应有序进行
是否正常申报个人所得税	重点检查企业工资表上的人员是否均在金税四期个人所得税申报系统中依法申报了"工资薪金"项目的个人所得税
是否存在已经离职人员未删除信息	企业工资表中是否还存在人员已经离职甚至已经死亡，但是仍然申报个人所得税，未及时删除这些人员的信息的现象
年终奖计税是否准确	对于雇员当月取得的全年一次性奖金，采取除以 12 个月，按其商数确定适用税率和速算扣除数的计税办法。注意，在一个纳税年度内，对每一个纳税人，该计税办法只允许采用一次
免税所得是否合法	企业雇员享受免征个人所得税的所得项目是否符合税法规定，如免征个人所得税的健康商业保险是否符合条件以及通信补贴免征个人所得税是否符合标准等

无发票业务的账务处理与风险防范

发票是指在购销商品、提供或者接受服务以及从事其他经营活动中开具或收取的票据。

对公司来讲，发票是做账的原始依据，同时也是缴税的费用凭证，更是审计机关、税务机关执法检查的重要依据。根据《中华人民共和国发票管理办法》第二十条规定:"所有单位和从事生产、经营活动的个人在购买商品、接受服务以及从事其他经营活动支付款项,应当向收款方取得发票。取得发票时,不得要求变更品名和金额。"

但在公司日常经营管理中,发生业务或员工报销无发票的情形时有发生,下面为大家分析无发票业务存在的潜在风险,无发票情形下的账务处理以及如何规避无发票、虚假发票业务的发生。

1. 无发票业务的潜在风险分析

发票是会计确认费用支出和资产购置的原始凭证,没有原始发票就无法确认经济事项并登记入账,随之导致以下问题:

①造成账实不符,资产信息不准,影响盈亏计算结果。

②财务核算不准确,造成财务信息失真,影响财务管理工作,最终误导企业领导的经营决策。

③无发票业务在账外循环,严重违反《会计准则》和《会计基础工作规范》的基本要求,同时会带来很大的税务风险。

④纠纷发生时,不利于维权。发票具有法律关系上的证明作用,是第一证明资料,具有不可替代性。如果没有发票,就无法确认货物或资产来源,也无法确定由谁承担责任,出问题时无法诉讼和维权。

所以企业在日常采购活动和费用支付中,应及时、合法取得正规发票,以避免上述各种风险的发生和潜在隐患的出现。

2. 无发票业务的账务处理

企业日常经营中,部分项目是允许无发票税前列支的,例如工资薪金支出、福利费支出(部分)、工会经费、社保费用、财产损失、罚款支出、违约金支出、计提折旧、财政收据以及税务特批事项等。但也存在无发票不可税前列支的项目，遇到这种情况，该如何进行账务处理呢？

下面为大家介绍企业实际工作中遇到的各种延迟取得发票和永久性无法取得发票等经济业务的账务处理。

①款项已支付，但当月无法取得发票。

【案例分析】——先付款后到票的账务处理

A 公司属于一般纳税人，2×20 年 11 月从甲工厂购入原材料一批，不含税价格 100 000.00 元，税率 13%，付款条件为先付款后发货，发货的同时开具发票，账务处理如下：

增值税进项税额 =100 000.00×13%=13 000.00（元）

价税合计 =100 000.00×（1+13%）=113 000.00（元）

（1）付款时。

借：预付账款——甲工厂   113 000.00

  贷：银行存款   113 000.00

（2）收到发票时。

借：原材料   100 000.00

  应交税费——应交增值税（进项税额） 13 000.00

  贷：预付账款——甲工厂   113 000.00

【案例分析】——延迟取得发票的账务处理

A 公司属于一般纳税人，2×20 年 11 月购买了一台设备，先以银行存款支付设备款 50 000.00 元，税率 13%，设备收到后，A 公司验收合格后要求对方开具发票，账务处理如下：

增值税进项税额 =50 000.00×13%=6 500.00（元）

价税合计 =50 000.00×（1+13%）=56 500.00（元）

（1）预付款时。

借：预付账款　　　　　　　　　　　　　　56 500.00

　　贷：银行存款　　　　　　　　　　　　　　56 500.00

（2）设备验收合格时时还未收到发票。

借：在建工程　　　　　　　　　　　　　　50 000.00

　　贷：预付账款　　　　　　　　　　　　　　50 000.00

（3）收到发票时。

借：固定资产　　　　　　　　　　　　　　50 000.00

　　应交税费——应交增值税（进项税额）　　6 500.00

　　贷：在建工程　　　　　　　　　　　　　　50 000.00

　　　　预付账款　　　　　　　　　　　　　　6 500.00

②员工出差发票丢失或忘记索要发票。

不同发票的丢失或忘记索要发票的处理是不同的，主要有三种，见表 1-7。

表 1-7　发票丢失或忘记索要的处理

发票类型	处　　理
汽车票、出租车票或定额餐费发票	说明丢失原因，注明明细，由领导审批通过后可报销，但企业在所得税汇算时要做调增处理
住宿费发票	若是专用发票，可向酒店索取专用发票记账联复印件，同时财务携带印鉴到主管税务机关进行认证通过后，由酒店所在地主管税务机关出具《丢失增值税专用发票已报税证明单》，凭证明单和记账联复印件到公司所在地主管税务机关审核，审核通过后方可作为增值税进项税额的抵扣凭证；若是普通发票，则可持县级以上报刊刊登的作废声明和主管税务机关的行政处罚决定书，向开票方请求重新开具发票
机票、火车票等实名制发票	需写情况说明，打印购票记录后一同交由领导审批，通过后可报销

③无票购入的固定资产的账务处理。

根据《关于贯彻落实企业所得税法若干税收问题的通知》规定：企业固定资产投入使用后，由于工程款项尚未结清未取得全额发票的，可暂按合同规定的金额计入固定资产计税基础计提折旧，待发票取得后进行调整，但该项调整应在固定资产投入使用后 12 个月内进行。

因此，暂未取得全额发票的固定资产，可按此规定预提折旧。但要注意，企业需提供可靠的证据资料证明该项资产已开始使用，如送货单、验收单等，以备税务稽查和外部机构审计。

如果确认无法从销售方取得发票，则是不可计入固定资产并计提折旧的，但可以采取税务代开发票的方法进行弥补。

3. 规避无发票、虚假发票业务

企业应对全体业务人员进行发票相关知识的培训，提高其对发票重要性的认识，从源头上减少无发票业务发生的频率；同时建立健全发票管理制度，建立发票监控机制，有效发挥制度的事先约束效力，避免事后弥补。

再者，业务人员与财务人员必须对取得的发票的真实性进行验证，避免虚假发票的出现。

第 2 章

从财务报表看风险

在经济市场中，财务报表扮演了分析企业经营状况和财务状况的重要角色。它能全面反映企业的财务状况、经营成果和现金流量，做好财务报表分析工作，可以正确评价企业的各项基本活动，揭示企业未来的报酬和风险。本章将通过对财务报表基础框架和重点分析事项的介绍，结合案例带你从财务操纵、报表粉饰的角度重新认识财务报表，准确识别企业各项财务风险。

财务报表分析的意义与内容

财务报表分析是对企业财务报表提供的数据进行加工、分析、比较、评价和解释，其分析的对象是企业的各项基本活动。通过分析认识企业活动的特点，评价其业绩，发现其问题，从而对可能出现的风险进行防范。

下面我们简单介绍财务报表分析的意义，认识这项工作的重要性，同时带大家了解财务报表分析的具体内容。

1. 财务报表分析的目的与意义

财务报表能够全面反映企业的财务状况、经营成果和现金流量情况。但是，由于财务报表中通常都会有很多的财务指标，而且财报中的数据量大且复杂，单纯从财务报表中的数据不能直接或全面地说明企业目前的财务状况，更不能直接依据财报数据来评判一个企业的经营状况和经营成果。

所以，我们需要对财务报表进行仔细分析，将企业的财务指标与有关数据进行比较，从而评估企业财务状况所处的地位。通过异常的财务数据及早发现企业财务状况可能出现恶化或者经营方针可能出现的问题，从而使企业管理人员提前预估企业前景，并及时防范风险，减少企业损失。

2. 财务报表分析的框架与内容

财务报表分析是指通过分析资产负债表、利润表、现金流量表和内部报表等，揭示企业财务状况和财务成果变动的情况及其原因。偿债能力分析、盈利能力分析和营运能力分析等，构成了财务报表分析的大致框架，其具体内容介绍见表2-1。

表 2-1　财务报表分析的内容

分析点	内　　容
资产负债表分析	资产负债表代表一个公司的资产、负债及所有者权益结构。资产负债表分析主要包括资产结构的弹性分析、资产结构的收益性分析、资产结构的风险性分析以及融资结构分析
利润表和利润分配表分析	通过利润表和利润分配表，可以考察企业投入的资本是否完整，判断企业盈利能力大小或经营效益好坏，评价利润分配是否合理。利润表的项目分析以主营业务收入为起点，以净利润为终点
现金流量表分析	现金流量表的分析主要从各种活动引起的现金流量的变化及各种活动引起的现金流量占企业现金流量总额的比重方面去分析
偿债能力分析	企业的偿债能力是指企业用其资产偿还长期债务与短期债务的能力，是反映企业财务状况和经营能力的重要标志。最能反映短期偿债能力的指标有流动比率、速动比率、现金比率和营运资本，评价企业长期偿债能力的指标主要有资产负债率和产权比率等
盈利能力分析	盈利能力就是企业赚取利润的能力，评价企业盈利能力的前提是企业处于正常的经营状态。常用的反映盈利能力的比率指标主要有投资报酬率、净资产收益率和成本费用利润率等
营运能力分析	营运能力是指企业的经营运行能力，即企业运用各项资产完成经济活动的能力。分析评价企业的营运能力，主要针对存货的周转情况和应收账款的收款情况，在财务上通常采用存货周转率和应收账款周转率等指标来衡量企业的营运能力

财务报表之间的钩稽关系

　　随着经济业务的复杂化和企业盈余管理手段的不断翻新，使得企业的财务报表越来越复杂，这就加大了财报分析的难度。因此，分析者分析财务报表除了需具备较强的财务会计知识外，还应该基于报表的钩稽关系，以财务报表中各个项目之间的钩稽关系作为主要分析工具进行分析。

　　接下来，带大家认识三大基础报表及附注，以及常用的钩稽关系公式。通过考察报表中关联项目的金额来分析企业的会计政策选择、账务处理思路以及报表数字背后的交易或事项，并从报表及附注中来证实自己的假设，进而对企业的财务状况、经营成果和现金流量状况做出判断，准确把握企业风险。

1. 三大报表及附注

财务三大报表具体是指资产负债表、利润表和现金流量表，而财务报表附注则是对资产负债表、利润表和现金流量表等报表中列示项目的文字描述或明细资料，以及对未能在这些报表中列示的项目的说明等，附注可以使报表使用者全面了解企业的财务状况、经营成果和现金流量。

（1）资产负债表

资产负债表又称财务状况表，表示企业在一定日期（通常为各会计期末）财务状况的主要会计报表。资产负债表利用会计平衡原则，将合乎会计原则的资产、负债和所有者权益类项目分为"资产"和"负债及所有者权益"两大区块，在经过分录、转账、分类账、试算和调整等会计程序后，以特定日期的静态企业情况为基准，浓缩成一张报表。

- ◆ **资产负债表的功用：** 除了企业内部除错、明确经营方向和防止弊端外，也可让报表阅读者在最短时间内了解企业经营状况。

- ◆ **资产负债表的结构与列报：** 资产负债表主要由表首、正表两部分组成，表首部分包括报表名称、报表编号、编制单位、编制日期和计量单位等；正表部分是资产负债表的核心内容，具体说明企业财务状况的各个项目。

我国的资产负债表采用账户式结构，即左右结构，左边列示资产，右边列示负债和所有者权益。根据财务报表信息列报的可比性要求，资产负债表要填列"年初余额"和"期末余额"两栏。

采用企业会计准则且已经执行新金融准则的企业的资产负债表格式如图 2-1 所示。

（2）利润表

利润表又称损益表，是用以反映公司在一定期间利润实现（或发生亏损）的财务报表，是一张动态报表。

- ◆ **利润表的功用：** 损益表可以为报表的阅读者提供做出合理经济决策所需

要的有关资料，可用来分析公司的经营成本和利润变化的原因等。

单位：×××公司　　　　　　　　　　　　　会计月：　　　　　　　　　　　　　　单位：元

资　产	期末余额	年初余额	负债和所有者权益（或股东权益）	期末余额	年初余额
流动资产：			流动负债：		
货币资金			短期借款		
交易性金融资产			交易性金融负债		
应收票据			应付票据		
应收账款			应付账款		
预付款项			预收款项		
应收利息			应付职工薪酬		
其他应收款			应交税费		
存货			应付利息		
持有待售资产			其他应付款		
一年内到期的非流动资产			一年内到期的非流动负债		
其他流动资产			其他流动负债		
**　流动资产合计**			**　流动负债合计**		
非流动资产：			非流动负债：		
可供出售金融资产			长期借款		
持有至到期投资			应付债券		
长期应收款			长期应付款		
长期股权投资			专项应付款		
投资性房地产			预计负债		
固定资产			递延所得税负债		
在建工程			其他非流动负债		
工程物资			**　非流动负债合计**		
固定资产清理			**　负债合计**		
生产性生物资产			所有者权益（或股东权益）：		
无形资产			实收资本（或股本）		
开发支出			资本公积		
商誉			减：库存股		
长期待摊费用			盈余公积		
递延所得税资产			一般风险准备		
其他非流动资产			未分配利润		
**　非流动资产合计**			**归属于母公司所有者权益合计**		
			少数股东权益		
			**　所有者权益合计**		
**　资产总计**			**负债和所有者权益总计**		

图 2-1　资产负债表（样表）

◆ **利润表的结构与列报**：损益表的项目，按利润构成和分配分为两个部分。其利润构成部分先列示销售收入，然后减去销售成本得出销售利润；再减去各种费用后得出营业利润（或亏损）；再加减营业外收入和支出，得出利润（或亏损）总额。利润分配部分先将利润总额减去应交企业所得税后得出税后利润；接着按分配方案提取的公积金和应付利润；如有余额，即为未分配利润。损益表中的利润分配部分若单独划出列示，则为"利润分配表"。

采用企业会计准则且已经执行金融准则的企业利润表格式如图2-2所示。

（3）现金流量表

现金流量表是指反映企业在一定会计期间现金和现金等价物流入和流出情况的报表，表达的是在一固定期间内，一家企业或机构的现金增减变动的情况，可用于分析一家企业或机构在短期内有没有足够的现金去应付开销。

现金流量表分为主表和附表（即补充资料）两大部分，主表的各项目金额实际上就是每笔现金流入、流出的归属，而附表的各项目金额则是相应会计账户的当期发生额或期末与期初余额的差额。一般企业的现金流量表格式如图2-3所示。

2.报表间钩稽关系

钩稽关系是指会计账簿和财务报表中有关数字之间存在必然、可据以进行相互查考的关系。注意钩稽关系有利于保证会计资料的准确性，降低错报风险。各报表之间的钩稽关系主要表现在四个方面，见表2-2。

表2-2　报表间的钩稽关系

方　面	钩稽关系
表内钩稽关系	在财务报表中，有些钩稽关系是精确的，如资产负债表中的"资产＝负债＋所有者权益"，利润表中的"收入－成本－费用＝利润"，现金流量表中的"期初现金余额＋流入的现金－流出的现金＝期末现金余额"等
表间钩稽关系	"资产负债表中未分配利润的期末数－期初数＝利润表的未分配利润""资产负债表的货币资金期末数－期初数＝现金流量表最后的现金及现金等价物净增加额"等
某些项目间可钩稽	报表某些项目之间存在不太精确的钩稽关系，例如利润表中的"营业收入"、现金流量表中的"销售商品、提供劳务收到的现金"和资产负债表中的"应收账款"与"其他应收款"等项目之间存在钩稽关系，报表使用者需要分析在何种情况下这些项目之间会构成相等关系
前后期报表的钩稽	本期报表有关项目的期初数应与上一期报表的期末数相等，本期报表有关项目的累计数应等于前期报表的累计数加上本期发生数等

单位:×××公司　　　　　　会计月:　　　　　　　　　　　单位:元

项　　目	行次	本期金额	本年累计
一、营业收入	1		
其中:商品流通收入	2		
信息服务收入	3		
其他业务收入	4		
减:营业成本	5		
其他业务成本	6		
税金及附加	7		
销售费用	8		
管理费用	9		
研发费用	10		
财务费用	11		
资产减值损失	12		
加:公允价值变动收益(损失以"-"号填列)	13		
投资收益(损失以"-"号填列)	14		
资产处置收益(损失以"-"号填列)	15		
其中:对联营企业和合营企业的投资收益	16		
汇兑收益(损失以"-"号填列)	17		
其他收益	18		
二、营业利润(亏损以"-"号填列)	19		
加:营业外收入	20		
减:营业外支出	21		
其中:非流动资产处置损失	22		
三、利润总额(亏损总额以"-"号填列)	23		
减:所得税费用	24		
四、净利润(净亏损以"-"号填列)	25		
归属于母公司所有者的净利润	26		
少数股东损益	27		
五、每股收益	28		
(一)基本每股收益	29		
(二)稀释每股收益	30		

图 2-2　利润表(样表)

k合02表

单位：×××公司　　　　　　会计月：

单位：元

项　目	行次	本期金额	本年累计
一、经营活动产生的现金流量	1		
销售商品、提供劳务收到的现金	2		
收到的税费返还	3		
收到其他与经营活动有关的现金	4		
经营活动现金流入小计	5		
购买商品、接受劳务支付的现金	6		
支付给职工以及为职工支付的现金	7		
支付的各项税费	8		
支付其他与经营活动有关的现金	9		
经营活动现金流出小计	10		
经营活动产生的现金流量净额	11		
二、投资活动产生的现金流量	12		
收回投资收到的现金	13		
取得投资收益收到的现金	14		
处置固定资产、无形资产和其他长期资产收回的现金净额	15		
收到其他与投资活动有关的现金	16		
投资活动现金流入小计	17		
购建固定资产、无形资产和其他长期资产支付的现金	18		
投资支付的现金	19		
支付其他与投资活动有关的现金	20		
投资活动现金流出小计	21		
投资活动产生的现金流量净额	22		
三、筹资活动产生的现金流量	23		
吸收投资收到的现金	24		
其中：子公司吸收少数股东投资收到的现金	25		
取得借款收到的现金	26		
收到其他与筹资活动有关的现金	27		
筹资活动现金流入小计	28		
偿还债务支付的现金	29		
分配股利、利润或偿付利息支付的现金	30		
支付其他与筹资活动有关的现金	31		
筹资活动现金流出小计	32		
筹资活动产生的现金流量净额	33		
四、汇率变动对现金及现金等价物的影响	34		
五、现金及现金等价物净增加额	35		
加：期初现金及现金等价物余额	36		
六、期末现金及现金等价物余额	37		

图 2-3　现金流量表（样表）

警惕资产负债表中的风险

通过对资产负债表结构的认识和基础钩稽关系的了解，我们知道资产负债表能够清楚地反映资产、负债以及所有者权益之间的内在关系与静态财务状况。故对资产负债表进行分析能够使企业获取支付能力和盈利能力等方面的信息，研究资产负债表的风险对企业发展也具有重要意义。

因此我们要运用分析手段帮助和提醒利益相关者确认企业的发展趋势和潜在问题，降低企业风险。

资产负债表中项目很多，但分析时应重点关注以下项目及异常情况：

1. 应收账款异常

首先，企业应收账款占总资产比重过高时，说明企业资金被严重占用。其次，应收账款大幅度增长时，说明企业可能受经济环境影响，结算工作效率降低。再者，应关注附注中披露的应收账款账龄，因为账龄越长，其收回的可能性越小。

一般来说，因为会计核算中设有"坏账准备"这一科目，故企业若存在三年以上的应收账款，应引起注意，看其是否对应计提了坏账准备，若没有，分析其是否存在资产不实和"潜亏挂账"现象。

2. 其他应收／应付款异常

其他应收应付款核算内容繁杂，容易成为舞弊工具，因此当其他应收款／应付款金额较大，与收入规模不匹配时，需要引起重视。

利用其他应收应付款进行舞弊的手法主要有四种情况。第一，利用其他应收款隐藏利润，偷逃税款；第二，利用其他应收款转移资金；第三，私设小金库；第四，利用其他应付款隐藏费用等。

3. 其他异常情形

如果资产负债表中某个项目的期初与期末数据变化很大，或出现大额红字，需进一步分析。

例如，企业年初及年末的负债比较多，则说明了企业每股的利息负担比较重，但是如果此时企业仍然有较好的盈利水平，则可以说明企业产品的获利能力佳、经营能力强，也可以说明企业管理者经营的风险意识较强，举债经营的魄力大。

另外，在对一些项目进行分析评价时，还要结合行业的特点。

手把手带你分析资产负债表

通过前述章节我们已经认识了基础报表格式以及资产负债表中常出现的异常情况，下面我们结合案例带大家具体学习如何深层挖掘资产负债表中的信息，快速发现风险。

【案例分析】——资产结构分析

A 公司 2×20 年 6 月 30 日合并资产负债表中的资产结构见表 2-3。

表 2-3 资产负债表的资产数据

项　　目	金　　额（元）	比　　例（%）
流动资产合计	2 600 000.00	81.25
非流动资产合计	600 000.00	18.75
资产总计	3 200 000.00	100

从资产负债表可以看出，公司流动资产比重较高，会占用大量资金，降低流动资产周转率，影响公司的资金利用效率；非流动资产比重则过低，会影响获利能力，从而影响公司未来的发展。

【案例分析】——负债与所有者权益结构分析

A公司2×20年6月30日合并资产负债表中的负债与所有者权益的结构见表2-4。

表2-4 资产负债表的负债和所有者权益数据

项 目	金 额（元）	比 例（%）
流动负债合计	704 000.00	22
非流动负债合计	512 000.00	16
所有者权益合计	1 984 000.00	62
负债及所有者权益总计	3 200 000.00	100

从负债与所有者权益结构表可以看出，公司债务资本比例为38%，权益资本比例为62%，负债资本较低，权益资本较高，可以减少公司发生债务危机的概率，降低公司财务风险，但相应地会增加公司资本成本，不利于发挥债务资本的财务杠杆效益。

【案例分析】——资产构成要素分析

A公司2×20年6月30日合并资产负债表中的资产构成表见表2-5。

表2-5 资产构成明细表

资产构成		金 额	占比（%）
流动资产 2 600 000.00	银行存款	416 000.00	13
	应收账款	403 200.00	12.6
	其中：坏账准备	115 200.00	—
	存货	1 716 000.00	53.63
	其他流动资产	64 800.00	2.02
非流动资产 600 000.00	固定资产	358 400.00	11.2
	在建工程	153 600.00	4.8
	其他流动资产	88 000.00	2.75
资产总计		3 200 000.00	100

从资产构成明细表可以看出企业存在以下问题：

（1）银行存款占比较高，表明企业货币资金持有规模偏大。过高的货币资金持有量会浪费企业投资机会，增加企业的筹资成本和企业持有现金的机会成本与管理成本。

（2）坏账准备占应收账款的比例为 115 200.00÷403 200.00×100%=28.57%，坏账损失可能性较高，说明企业应收账款管理工作可能存在问题，企业的信用政策可能过于宽松。

（3）存货占流动资产的比例为 1 716 000.00÷2 600 000.00×100%=66%，占总资产的比例为53.63%，在资产中所占比重较大。过多的存货会带来一系列不利的影响。首先，一次性大量采购存货会增加企业管理成本和存货损耗；其次，会占用过多资金，造成资金周转困难，增加筹资利息，降低资金使用效率；最后，在市场更新换代非常迅速的情况下，拥有大量存货不利于应对复杂多变的市场。

（4）固定资产占总资产的比例为11.2%，企业固定资产比重与行业特征有关。一般认为，工业企业固定资产比重为40%，商业企业固定资产比重为30%较为适宜，A公司固定资产比重过低。

如何解读利润表中的风险反映

利润表是基于现行会计准则编制的，会计准则中有大量的会计政策选择和会计估计等内容，给了经营者操作利润的空间。因此财务报表使用者需要学会解读利润表，挖掘数字背后反映的实质问题，准确识别风险。

常见的与利润表相关的会计科目异常有以下几种：

1.营业收入增幅小于应收账款增幅

在企业经营过程中，销售商品会产生对应的应收账款，在正常情况下，应收账款的变化幅度通常与营业收入的变化是一致的。如果企业的营业收入的增幅低于应收账款的增幅，此时可能存在两种情况，一是公司通过应收账款隐瞒营业收入；二是公司放宽信用条件以刺激销售。具体是哪种情形，需要结合经营性现金流量净值的增长速度来进一步判断。

2. 营业利润的增幅与成本、费用的增幅不一致

如果企业当期营业利润大幅增加，但是营业成本、相关费用等增加比例很小，可能意味着三种情况。第一，公司为了优化当年的盈利水平，而将当期的费用调至上一会计年度；第二，公司有意调减了当期的费用来提高公司的营业利润；第三，相关的销售业务可能已经不存在了。

3. 其他异常情形

当报表使用者发现企业利润指标多年表现不错，但多年不进行现金分红，且多年没有实际再投资；或连续多年毛利率或主营业务利润率畸高，且无合理解释；或低周转率和高毛利率多年持续并存；或营业利润和投资收益经常呈现出良好的反向互补性等异常情形时，需进一步仔细分析。

现金流量解析风险

企业在实际的经营过程中非常关注企业的各项利润指标，但是如果只关注利润指标而忽视现金流量指标，也很有可能陷入财务危机。因为现金流量是最能反映企业本质的，它比利润更能反映企业的偿债能力，因此，通常也将现金流量视为决定企业兴衰存亡的重要因素。

企业现金流量表中，最影响财务状况的三部分为经营活动产生的现金流量、投资活动产生的现金流量以及筹资活动产生的现金流量。我们根据现金流量表，就可以通过这三部分的现金流量净额对企业的财务状况做一个详细的分析和了解。这三部分可以大致排列出八种情况，见表2-6。

表 2-6 现金流量情况表

情 形	经营活动的现金净流量 正数（+）/负数（-）	投资活动的现金净流量 正数（+）/负数（-）	筹资活动的现金净流量 正数（+）/负数（-）
情形一	+	+	+
情形二	+	+	-
情形三	+	-	+
情形四	+	-	-
情形五	-	+	+
情形六	-	+	-
情形七	-	-	+
情形八	-	-	-

根据表 2-6 所示的不同情形，可以进行如下分析：

◆ **情形一**：该情形下的企业正处于兴盛时期，经营活动和投资活动的现金净流量表现为净流入，说明企业保持盈利的同时在积极进行投资，资金使用率很高。同时筹资活动现金净流量的正数意味着企业还在进行筹资活动，如果没有新的投资机会，则会造成资金浪费。

◆ **情形二**：该情形下企业的经营和投资都处于良性循环的状态，筹资活动的负数不足以影响企业的财务状况。在这个阶段，企业经营稳健，处于产品成熟期，也处于投资回收期，需要注意及时偿还外部债务，防止企业资信问题带来的风险。

◆ **情形三**：该情形下的企业处于扩张时期，经营活动资金回笼，同时为了扩大市场份额，进行大量投资，但仅靠经营现金流可能无法满足投资需求，因此进行筹资活动。该阶段应注意分析投资项目的盈利能力。

◆ **情形四**：该情形下的企业在偿还债务的同时还在进行投资，所以应时刻关注经营状况的变化，防止财务状况恶化。

◆ **情形五**：该情形下企业的经营状况不佳，入不敷出，依赖于筹资（借债）和投资取得的收益或撤回投资收回的资金维持财务，如果是撤回投资，说明企业形势已十分严峻。

◆ **情形六**：该情形下的企业处于衰退期，经营状况不佳，还在偿还前期债务，只能依靠投资活动的现金流入，若该现金流入来自收回投资，则需高度警惕，企业已处于破产边缘。

◆ **情形七**：如果处于该情形的企业是创业公司，则需要投入大量资金开拓市场，此时的现金流量状况属正常；但如果不是创业公司，则说明企业经营和投资情况恶化，依靠举债度日，容易资不抵债，投资者需高度注意。

◆ **情形八**：该情形说明企业扩张的同时还需偿还负债，同时经营状况也不佳，此时企业财务状况出现危机，必须及时扭转，需要改变原战略来降低财务风险。

潜亏在财报中的表现形式

潜亏是当前企业会计报表信息失真的一种主要表现形式。它的存在可能造成三种情况，一是企业会计账面盈利大幅度增加，二是企业账面亏损额大为减少，三是企业会计报表由亏变盈。这种会计信息，对企业经营来说没有任何的参考价值，除此之外，它也不能为作为确定经营目标的依据，而且也造成资金不能取得更大的经济效益，给企业带来风险，同时还为违法乱纪行为创造了条件。

下面就来具体了解企业潜亏的原因、表现形式以及风险防范，从而全面认识潜亏。

1.潜亏的原因

实务中造成企业潜亏的原因较多，但大体可分为表 2-7 所示的三个原因。

表 2-7　造成企业潜亏的原因

原　　因	说　　明
领导层原因	企业经营者故意弄虚作假，领导者为了某种特殊目的；或为了完成上级主管部门的考核指标；或公司考核指标选择不合理，以及企业内部控制制度不健全等领导层因素，均会导致潜亏

续表

原　　因	说　　明
财务人员原因	会计人员素质不高，不重视继续教育，业务水平跟不上现代会计核算管理的要求；或不敢坚持原则，缺乏应有的职业道德，不敢严格按《中华人民共和国会计法》（以下简称《会计法》）办事，提供虚假会计资料等，都会导致潜亏
其他原因	历史遗留问题未得到妥善解决，以致形成新的亏损；资金沉淀、贷款利息上升、经济效益降低以及体制不健全等，均是造成企业潜亏的因素

2. 潜亏的表现形式

企业制造潜亏的手段主要隐藏在财务报表中的某些科目中，见表 2-8。

表 2-8　财务报表中隐藏潜亏的科目

科　　目	隐藏手法
应收账款	如果不是现款现销，企业确认销售收入时一般要经"应收账款"科目周转。多确认销售收入和提早确认销售收入不仅能虚增收入，还可虚增利润。此外，坏账准备也可藏匿潜亏，在现行会计制度确认坏账的条件下，大多数企业制定了较为宽松的坏账准备计提政策，使得正常确认的应收账款也因坏账计提不充分而虚增了当期利润
其他应收款	其他应收款主要结算员工借款、备用金和各种赔款、罚款等与主营业务不相关的应收、暂付款项，正常情况下该科目余额不大。如果出现长期挂账的其他应收款，可能是因为找不到发票报销或有意挂账少计费用造成的。本质上这类"其他应收款"已不具备资产属性，只是未及时入账的费用，是企业的潜亏
存货	数量和价格是确定存货价值的因素，存货的数量和存货价格的清晰、准确与否可以决定潜亏在存货中藏身空间的大小。从库存管理层面看，存货潜亏表现的形式有四种，分别是保管不善型、价格倒挂型、超储积压型和品种疲软型
长期股权投资	现行企业会计准则规定对企业投资比例在 20% 以下或 50% 以上（或有 50% 以上的实质性表决权）时，采用成本法核算长期股权投资。在收回投资前，投资企业一般不得对长期股权投资的账面价值进行调整。如果被投资企业亏损，因为成本法下长期股权投资的账面价值不需做相应调整，就会形成潜亏

续表

科　　目	隐藏手法
在建工程	虽然企业在建工程发生的频次不高，可是一旦发生后，金额却较大。潜亏可以通过三种方式藏匿于在建工程，分别是利息费用资本化、延迟转固以及将日常性期间费用计入在建工程
无形资产	因为无形资产的价值难以计算，所以"无形资产"科目是普遍熟知的"垃圾资产筐"。隐藏在无形资产中的潜亏识别较容易，但清理困难，历史原因形成的无形资产潜亏多为企业转制、重组和新建带入的特许经营权、商标权、商誉和专利等

3. 潜亏的风险防范

从表面上来看，潜亏是企业管理者为了维持企业的形象而采取的非常手段，但是其实质是企业中的个别个人包装业绩、谋取私利的腐败行为。这不仅加重了企业的税务负担，也会因为传递的虚假财务信息而误导经营者制定经营决策。

要治理潜亏，不仅需要企业建立完善的会计核算制度与内部控制，还要加强外部的监督与审计，建立对制造潜亏的责任人的追溯机制，只有这样才有可能杜绝经营者基于私利主动制造潜亏行为的发生。

报表粉饰与鉴别

报表粉饰是财务舞弊的集中体现，其具体是指企业管理层通过舞弊手段，使反映财务状况、经营成果、现金流量和所有者权益的会计报表达到"预期"状态的故意行为。然而，企业粉饰财务报表的手段多种多样，这对企业健康发展产生了巨大威胁。但是无论粉饰手段有多高明，总会留下蛛丝马迹，我们可以采用适当的鉴别方法，识破粉饰过的财务报表。

1. 报表粉饰的动机

企业对报表进行粉饰，最常见的动机是为了业绩考核。因为考核企业经营业绩的办法一般都是以财务指标为基础，而各项财务指标的计算都涉及会计数据，因此为了业绩达标，企业很可能对其会计报表进行包装、粉饰。

另外，我国企业普遍面临资金紧缺局面。因此，为获得金融机构的信贷资金或其他供应商的商业信用，经营业绩欠佳或财务状况不健全的企业难免要对其会计报表修饰一番。另外，由于企业所得税是在会计利润的基础上，通过纳税调整，将会计利润调整为应纳税所得额，再乘以适用的企业所得税税率计算得出的。因此，基于某种不当目的，企业往往会对会计报表进行粉饰。

2. 报表粉饰的类型

粉饰经营业绩。企业在上市前一年和上市当年，采用提前确认收入、推迟结转成本、亏损挂账、资产重组和关联交易等手段使利润最大化；或在出现连续3年亏损并面临被摘牌时，采用推迟确认收入、提前结转成本和转移价格等手段使利润最小化；或利用其他应收应付款、待摊费用、递延资产和预提费用等科目调节利润，策划利润稳步增长的趋势，塑造绩优股形象或获得较高的信用等级评定。

粉饰财务状况。当需要对外投资和进行股份制改组时，企业倾向于编造理由进行资产评估、虚构业务交易和利润来高估资产，以获得较大比例的股权；企业贷款或发行债权时，常通过账外账或将负债隐匿在关联企业中的方式低估负债。

3. 报表粉饰的鉴别

如何识别会计报表是否被粉饰是广大会计信息使用者关心的，针对一些企业粉饰会计报表的惯用手段，可通过表2-9所示的几种主要方法来鉴别。

表 2-9 鉴别报表是否被粉饰的方法

方 法	具体操作
关联交易剔除法	将来自关联企业的营业收入和利润总额予以剔除，分析某企业的盈利能力在多大程度上依赖于关联企业，以判断该企业盈利基础是否扎实、利润来源是否稳定。如果企业的营业收入和利润主要来源于关联企业，就应当特别关注关联交易的定价政策，分析关联交易是否公允
不良资产剔除法	不良资产包括待摊费用、待处理固定资产净损失、待处理流动资产净损失和长期待摊费用等虚拟资产和可能产生潜亏的资产项目，如高龄应收账款、投资损失、存货跌价损失及固定资产损失等。不良资产剔除法是将不良资产总额与净资产比较，如果不良资产总额接近净资产，说明企业的持续经营能力可能有问题，也可能表明企业在过去几年因人为夸大利润而形成"资产泡沫"。除此之外，还可以将当期不良资产的增加额和增加幅度与当期利润总额和利润增加幅度比较，如果不良资产的增加额及增加幅度超过利润总额的增加额及增加幅度，说明企业当期的利润表有"水分"
现金流量分析法	将经营活动产生的现金净流量、投资活动产生的现金净流量和总现金净流量分别与主营业务利润、投资收益和净利润进行比较分析，以判断企业的主营业务利润、投资收益和净利润的质量
异常利润剔除法	当企业利用资产重组调节利润时，所产生的利润主要通过其他业务利润、投资收益、补贴收入和营业外收入等科目体现，因此将这些收入从企业的利润总额中剔除，可以分析和评价企业利润来源的稳定性

4. 报表粉饰的法律责任

如果单位负责人或者会计人员为了牟取不正当的利益，利用职务便利向他人提供了经过粉饰的会计报表，从而误导利益相关者，就会受到法律的制裁，相应地承担民事责任、刑事责任和行政责任。

民事责任。管理层和会计人员提供粉饰的会计报表时，投资者、债权人以及利益相关人对于根据虚假会计信息做出错误决策所造成的损失，应向管理层和会计人员提出民事索赔，以挽回损失。

刑事责任。我国《会计法》中规定了多种财务舞弊行为应承担刑事责任，如伪造、变造会计凭证、会计账簿，编制虚假财务报告，隐匿或故意销毁依法应当保存的会计凭证和会计报表以及指使、授意、强令会计人员造假，单位负责人对依法履行职责的会计人员打击报复构成犯罪，均应依法追究刑事责任。

行政责任。对于会计报表粉饰行为，不构成犯罪的，可由县级以上人民政府财政部门责令改正，对单位处以三千元以上五万元以下的罚款；《会计法》还规定了由财政部门吊销会计从业资格证书的惩罚措施。

5. 如何抑制财务报表粉饰行为

要抑制报表粉饰行为，首先应当要求企业充分披露关联交易的定价与公允价格的差异、账款结算方式和支付时间等；其次需借鉴国际会计惯例，尽快制定非货币性交易的准则，对通过资产置换和股权置换进行资产重组的行为进行规范。

除此之外，还需要制定有关资产评估会计处理的准则，对资产评估调账、流动资产项目评估减值的会计处理，以及处置已评估且发生增减值的资产项目的会计处理予以规范，防止企业利用资产评估调节利润；制定资产确认准则，对资产的确认标准进行规范，防止企业将不符合资产确认标准的资产确认入账；制定大额费用资本化准则，对借款利息支出、研究开发支出和大额广告费支出等的资本化行为进行规范，使不同企业的大额费用的会计政策保持一致，以提高会计信息的横向和纵向可比性。

第 3 章

财务分析与风险识别

　　财务分析是以会计核算和报表资料及其他相关资料为依据，采用专门的分析技术和方法，对企业过去和现在有关筹资活动、投资活动、经营活动和分配活动的相关能力进行分析与评价的经济管理活动。而风险识别是风险管理的第一步，也是基础，只有正确识别出自身面临的风险，才能主动选择适当、有效的方法进行处理。本章结合案例来认识财务分析的内容，学习财务分析方法，了解如何在财务分析的基础上准确识别风险。

总体财务状况综合评价

总体评价财务状况不仅包括对经营过程中的经营成果进行评价，也包括对某个时点的资产负债表所反映的数据进行评价。

一般来说，要对企业的总体财务状况进行评价，可以从企业财务能力综合评价和行业标杆单位对比分析两方面进行，从而了解企业的基本财务情况、所处的市场环境以及面临的显而易见的风险。下面结合案例对演示单位的财务状况进行评价。

【案例分析】——财务状况评价

A 公司 2×21 年 12 月 31 日资产负债表、利润表及现金流量表简表分别如图 3-1、图 3-2 和图 3-3 所示。

资产负债表简表					
单位：A公司			会计月：2×21-12	单位：万元	
资产	期末余额	上年年末余额	负债和所有者权益（或股东权益）	期末余额	上年年末余额
货币资金	11 388.47	10 738.05	应付账款	190 000.00	180 000.00
应收票据	77 544.29	72 891.86	应付职工薪酬	1 000.00	4 000.00
应收账款	20 370.62	23 915.07	其他流动负债	367.51	991.31
预付款项	17 823.36	15 639.74	流动负债合计	191 367.51	184 991.31
存货	66 119.51	59 490.78	长期借款	722.93	99.47
其他流动资产	1 124.03	1 977.93	非流动负债合计	722.93	99.47
流动资产合计	194 370.26	184 653.42	负债合计	192 090.44	185 090.78
长期股权投资	6 772.65	7 003.37	实收资本（或股本）	10 000.00	10 000.00
固定资产	34 387.43	42 824.45	资本公积	5 000.00	5 000.00
在建工程	1 819.88	2 002.50	盈余公积	3 093.06	2 146.64
无形资产	1 912.05	1 288.76	未分配利润	29 078.77	35 535.07
非流动资产合计	44 892.00	53 119.07	所有者权益（或股东权益）合计	47 171.82	52 681.71
资产总计	239 262.26	237 772.49	负债和所有者权益（或股东权益）总计	239 262.26	237 772.49

图 3-1 A公司资产负债表简表

利润表简表		
单位:A公司	会计月：2×21-12	单位：万元
项目	本年累计	上年累计
一、营业收入	347 489.54	263 116.79
减：营业成本	278 904.06	216 548.43
税金及附加	982.89	861.30
销售费用	43 360.29	29 775.96
管理费用	10 859.37	7 639.92
财务费用	1 659.05	- 717.26
加：其他收益	105.16	412.86
二、营业利润(亏损以 "–" 号填列)	11 829.04	9 421.29
加：营业外收入		42.86
减：营业外支出	362.64	
三、利润总额(亏损以 "–" 号填列)	11 466.40	9 464.14
减：所得税费用	1 911.09	1 574.45
四、净利润（净损失以 "–" 号填列）	9 555.31	7 889.70

图 3-2　A 公司利润表简表

将 A 公司各项指标与所在行业标准值进行对比，可以得到图 3-4 所示的结果。

注意，前述报表中的数据在计算过程中涉及四舍五入，因此部分数据相加减后会有出入，但不影响分析学习。

财务能力综合评价表中综合能力得分 = 实际值 ÷ 行业标准值 × 权重，其中各项目的实际值计算过程如下：

（1）净资产收益率 = 净利润 ÷ 平均净资产 ×100%= 净利润 ÷ [（本年度净资产总额 + 上一年度净资产总额）÷2] ×100%=9 555.31 ÷ [（47 171.82+52 681.71）÷ 2）] ×100%= 19.14%

现金流量表简表			
单位:A单位		会计月:2×21-12	单位：万元
项　　目	行次	本年累计	上年累计
经营活动现金流入小计	15	237 456.77	186 607.67
经营活动现金流出小计	25	222 949.28	184 063.25
经营活动产生的现金流量净额	26	**14 507.49**	**2 544.42**
投资活动现金流入小计	33	463.64	6.23
投资活动现金流出小计	39	13 143.77	10 405.92
投资活动产生的现金流量净额	40	**-12 680.13**	**-10 399.70**
筹资活动现金流入小计	47	9 613.02	117.56
筹资活动现金流出小计	52	10 789.97	5 202.32
筹资活动产生的现金流量净额	53	**-1 176.94**	**-5 084.76**
现金及现金等价物净增加额	55	**650.42**	**-12 940.04**
加：期初现金及现金等价物余额	56	10 738.05	19 769.27
期末现金及现金等价物余额	57	**11 388.47**	**6 829.24**

图 3-3　A 公司现金流量表简表

（2）总资产利润率 = 利润总额 ÷ 平均资产总额 × 100% = 利润总额 ÷ [（本年度资产总额 + 上一年度资产总额）÷ 2] × 100% = 11 466.40 ÷ [（239 262.26 + 237 772.49）÷ 2] × 100% = 4.81%

（3）营业毛利率 = 毛利额 ÷ 营业收入 × 100% =（营业收入 - 营业成本）÷ 营业收入 × 100% =（347 489.54 - 278 904.06）÷ 347 489.54 × 100% = 19.74%

（4）现金流动负债比率 = 年经营活动现金净流量 ÷ 年末流动负债 × 100% = 14 507.49 ÷ 191 367.51 × 100% = 7.58%

（5）资产负债率 = 负债总额 ÷ 资产总额 × 100% = 192 090.44 ÷ 239 262.26 × 100% = 80.28%

项目	权重	实际值	行业标准值	综合能力得分	标识
一、盈利能力得分	20.00			**26.60**	★★★★★
净资产收益率	8.00	19.14%	9.91%	15.45	
总资产利润率	4.00	4.81%	6.90%	2.79	
营业毛利率	8.00	19.74%	18.88%	8.36	
二、偿债能力得分	20.00			**24.13**	★★★★
现金流动负债比率	4.00	7.58%	28.74%	1.06	
资产负债率	8.00	80.28%	58.97%	10.89	
速动比率	8.00	67.02%	44.00%	12.19	
三、现金能力得分	20.00			**8.92**	★★★
销售现金比率	5.00	4.17%	11.00%	1.90	
经营现金净流量增长率	5.00	470.17%	628.00%	3.74	
盈余现金保障倍数	5.00	151.83%	531.00%	1.43	
资产现金回收率	5.00	6.08%	16.46%	1.85	
四、运营能力得分	20.00			**8.00**	★★★
总资产周转率	5.00	1.46	1.57	4.65	
应付账款周转率	5.00	1.54	7.45	1.03	
应收账款周转率	5.00	15.69	398.31	0.20	
存货周转率	5.00	5.53	13.02	2.12	
五、成长能力得分	20.00			**6.65**	★★
营业收入增长率	8.00	32.07%	20.53%	12.50	
净利润增长率	8.00	21.11%	113.84%	1.48	
固定资产投资扩张率	4.00	-19.70%	10.75%	-7.33	
六、财务综合得分				74.30	★★★

图 3-4 A 公司财务能力综合评价表

（6）速动比率 = （流动资产 − 存货）÷ 流动负债 × 100% = （194 370.26 − 66 119.51）÷ 191 367.51 × 100% = 67.02%

（7）销售现金比率 = 经营活动现金净流量 ÷ 营业收入 × 100% = 14 507.49 ÷ 347 489.54 × 100% = 4.17%

（8）经营现金净流量增长率＝（本期经营活动现金净流量－上期经营活动现金净流量）÷上期经营活动现金净流量×100%＝（14 507.49－2 544.42）÷2 544.42×100%＝470.17%

（9）盈余现金保障倍数＝经营活动现金净流量÷净利润×100%＝14 507.49÷9 555.31×100%＝151.83%

（10）资产现金回收率＝经营活动现金净流量÷平均资产总额×100%＝14 507.49÷[（239 262.26＋237 772.49）÷2]×100%＝6.08%

（11）总资产周转率＝销售收入÷资产平均总额＝347 489.54÷[（239 262.26＋237 772.49）÷2]＝1.46

（12）应付账款周转率＝（营业成本＋期末存货成本－期初存货成本）÷平均应付账款＝（278 904.06＋66 119.51－59 490.78）÷[（190 000.00＋180 000.00）÷2]＝1.54

（13）应收账款周转率＝销售收入÷应收账款平均余额＝347 489.54÷[（20 370.62＋23 915.07）÷2]＝15.69

（14）存货周转率＝营业收入÷存货平均余额＝347 489.54÷[（66 119.51＋59 490.78）÷2]＝5.53

（15）营业收入增长率＝（本年度营业收入－上年度营业收入）÷上年度营业收入×100%＝（347 489.54－263 116.79）÷263 116.79×100%＝32.07%

（16）净利润增长率＝（本年度净利润－上年度净利润）÷上年度净利润×100%＝（9 555.31－7 889.70）÷7 889.70×100%＝21.11%

（17）固定资产投资扩张率＝（本年固定资产总额－上年固定资产总额）÷上年固定资产总额×100%＝（34 387.43－42 824.45）÷42 824.45×100%＝－19.70%

由上述数据可知，2×19 年 A 公司累计实现营业收入 347 489.54 万元，去年同期实现营业收入 263 116.79 万元，同比增加 32.07%；2×19 年实现净利润 9 555.31 万元，较同期增加 21.11%。

结合行业标准值进行对比，可以对 A 企业财务能力做如下综合评价：

◆ **财务综合能力**：企业的财务状况良好，虽然财务综合能力目前处于同业的领先水平，但仍需要采取积极的措施进一步提高企业财务的综合能力。

◆ **盈利能力**：企业的盈利能力处于行业的领先水平，对于投资者而言，需要关注其现金的收入情况，并留意企业是否具备持续盈利的能力以及新的利润增长点。

◆ **偿债能力**：企业的偿债能力处于同行业的领先水平，自有资本与债务结构合理，债务风险相对较低，但仍需要采取积极措施提高偿债能力。

◆ **现金能力**：企业现金流量的安全性相对而言处于同行业的中游水平，但是在改善现金流量方面，投资者应当密切关注企业的现金管理状况，了解发生现金不足的具体原因，从而规避资金风险。

◆ **运营能力**：企业的运营能力处于同行业的中游水平，但仍然存在明显的不足，因此企业应当充分发掘潜力，让企业发展再上一个台阶。

◆ **成长能力**：企业的成长能力处于行业的较低水平，公司发展前景不佳，管理者应当积极采取措施，对薄弱环节加以改进。

资产负债及所有者权益变动情况分析

我们仍以前述 A 公司为例，对其资产、负债及所有者权益的变动情况进行分析。

1. 资产状况及资产变动分析

A 公司的资产结构、流动资产结构及其变动分析结果分别如图 3-5 和图 3-6 所示。

项　目	2×21年	2×20年	本期结构比	上年同期结构比	同比增减率
流动资产	194 370.26	184 653.42	81.24%	77.66% ⬆	5.26%
非流动资产	44 892.00	53 119.07	18.76%	22.34% ⬇	-15.49%
资产总计	239 262.26	237 772.49	100%	100% ⬆	0.63%

图 3-5　A 公司资产结构及其变动表

项　目	2×21年	2×20年	本期结构比	上年同期结构比	同比增减率
货币资金	11 388.47	10 738.05	5.86%	5.82% ⬆	6.06%
应收票据	77 544.29	72 891.86	39.90%	39.47% ⬆	6.38%
应收账款	20 370.62	23 915.07	10.48%	12.95% ⬇	-14.82%
预付款项	17 823.36	15 639.74	9.17%	8.47% ⬆	13.96%
存货	66 119.51	59 490.78	34.02%	32.22% ⬆	11.14%
其他流动资产	1 124.03	1 977.93	0.58%	1.07% ⬇	-43.17%
流动资产	194 370.26	184 653.42	100%	100% ⬆	5.26%

图 3-6　A 公司流动资产结构及其变动表

2×21 年 A 公司总资产达到 239 262.26 万元，比上年同期增加 1 489.77 万元，增幅 0.63%；其中流动资产达到 194 370.26 万元，占资产总量的 81.24%，同比增加 5.26%，非流动资产达到 44 892.00 万元，占资产总量的 18.76%，同比减少 15.49%。

应收账款的质量和周转效率对公司的经营状况起重要作用，A 公司营业收入同比增幅为 32.07%，远高于应收账款的增幅，说明公司应收账款的使用效率得到提高，但在市场扩大的同时，需注意控制应收账款的周转风险。

2. 负债及所有者权益变动分析

A 公司负债及所有者权益结构及其变动分析如图 3-7 所示。

项　目	2×21年	2×20年	本期结构比	上年同期结构比	同比增减率
流动负债	191 367.51	184 991.31	79.98%	77.80% ⬆	3.45%
非流动负债	722.93	99.47	0.30%	0.04% ⬆	626.78%
所有者权益	47 171.82	52 681.71	19.72%	22.16% ⬇	-10.46%
负债和所有者权益	239 262.26	237 772.49	100%	100% ⬆	0.63%

图 3-7　A 公司负债及所有者权益结构与变动表

2×21 年 A 公司负债和所有者权益总额达到 239 262.26 万元，同比增加
0.63%。当年从负债与所有者权益占总资产比重看，企业的流动负债比重为
79.98%，非流动负债比重为 0.30%，所有者权益的比重为 19.72%。

企业负债的变化中，流动负债增加 3.45%，非流动负债增加 626.78%，流动
负债和非流动负债都增加，说明企业资金占用大而只能通过增加负债来解决困
难，且非流动负债大幅增加，会带来股东收益的减少，并且到期需偿还，会给企
业带来较大的财务风险，投资者与管理人员需引起重视。

收入、成本和利润分析

我们以前述 A 公司为例，从收入质量、成本费用及利润总额增长与构成这
三个方面对 A 公司利润表项目进行分析。

1. 收入质量分析

A 公司营业收入与应收账款的变动及对比分析如图 3-8 所示。

项　　目	2×21年	2×20年	同比增减额	同比增减率
营业收入	347 489.54	263 116.79	84 372.75 ⬆	32.07%
应收账款	20 370.62	23 915.07	-3 544.45 ⬇	-14.82%
营业利润	11 829.05	9 421.29	2 407.76 ⬆	25.56%
经营活动现金净流量	14 507.49	2 544.42	11 963.07 ⬆	470.17%

图 3-8　A 公司收入与应收账款变动分析表

2×21 年 A 公司营业收入同比增加 32.07%，但同时应收账款同比减少
14.82%，营业收入增幅更大，收入扩大的同时经营现金净流量也在增加，说明
经营业务发展良好，但应注意控制成本费用的上升。

2. 成本费用分析

A 公司营业收入与成本费用的变动及对比分析如图 3-9 所示。

2×21 年 A 公司发生成本费用累计 335 765.66 万元，同比增加 32.13%。

其中营业成本 278 904.06 万元，占成本费用总额的 83.07%，同期增加 28.80%；销售费用为 43 360.29 万元，占成本费用总额的 12.91%，较同期增加 45.62%；管理费用为 10 859.37 万元，占成本费用总额的 3.23%，较同期增加 42.14%；财务费用为 1 659.05 万元，占成本费用总额的 0.49%，较同期增加 331.30%。

项　目	2×21年	2×20年	同比增减额	同比增减率
营业收入	347 489.54	263 116.79	84 372.75 ⬆	32.07%
成本费用总额	335 765.66	254 108.36	81 657.30 ⬆	32.13%
营业成本	278 904.06	216 548.43	62 355.63 ⬆	28.80%
税金及附加	982.89	861.30	121.59 ⬆	14.12%
销售费用	43 360.29	29 775.96	13 584.33 ⬆	45.62%
管理费用	10 859.37	7 639.92	3 219.45 ⬆	42.14%
财务费用	1 659.05	- 717.26	2 376.30 ⬆	331.30%

图 3-9　A 公司营业收入与成本费用变动分析表

变化最大的是财务费用，意味着 A 公司可能存在以下问题：

◆ 企业产品供大于销，部分产品积压，销路不畅。

◆ 货款回笼不及时，造成企业流动资金严重不足，需要借入资金。

◆ 融资难度加大，融资成本增加，借款利率提高。

◆ 有关人员不合理无偿占用大额企业资金。

企业管理人员需了解财务费用大幅增加的具体原因，并结合其他指标判断可能引发的风险，及时发现并规避风险。

3. 利润总额增长与构成分析

A 公司利润总额增长与构成分析如图 3-10 所示。

项　　目	2×21年	2×20年	同比增减额	同比增减率
营业利润	11 829.05	9 421.29	2 407.76 ⬆	25.56%
利润总额	11 466.40	9 464.15	2 002.25 ⬆	21.16%
净利润	9 555.31	7 889.70	1 665.61 ⬆	21.11%

图 3-10　A 公司利润总额增长与构成分析表

2×21 年 A 公司实现净利润 9 555.31 万元，较同期增加 21.11％。从净利润的形成过程来看：营业利润为 11 829.05 万元，较同期增加 25.56％；利润总额为 11 466.40 万元，较同期增加 21.16％。

利润总额和净利润的增幅略小于营业利润，可以推断出 A 公司营业外支出较上一年度有所增加，管理人员需分析该支出的形成原因与可能存在的风险。

现金流量变动及质量分析

通过对现金净流量变动趋势及现金流入流出结构进行对比分析，来判断 A 公司现金流量质量。

1. 现金净流量变动趋势分析

A 公司现金净流量变动趋势表如图 3-11 所示。

项　　目	2×21年	2×20年	同比增减额	同比增减率
经营现金净流量	14 507.49	2 544.42	11 963.07 ⬆	470.17%
投资现金净流量	−12 680.13	−10 399.70	−2 280.44 ⬇	−21.93%
筹资现金净流量	−1 176.94	−5 084.76	3 907.82 ⬆	76.85%
现金净增加额	650.42	−12 940.04	13 590.46 ⬆	105.03%

图 3-11　A 公司现金净流量变动趋势表

2×21 年 A 公司现金及现金等价物净增加 650.42 万元，同比增加 105.03％。其中经营活动现金净流量 14 507.49 万元，同比增加 470.17％；投资活动现金净

流量 −12 680.13 万元，同比减少 21.93％；筹资活动现金净流量 −1 176.94 万元，同比增加 76.85％。

投资活动的现金净流量出现连续两年均为负数，说明公司存在投资失利的风险，或尚未取得投资回报，或投资回报小于投资投入，需结合投资项目进行投资风险分析。

2. 现金流入流出结构对比分析

A 公司的现金流入、流出结构对比分析结果分别如图 3-12、图 3-13 和图 3-14 所示。

项　目	2×21年	2×20年	同比增减额	同比增减率
经营活动现金流入	237 456.77	186 607.67	50 849.10 ⬆	27.25%
经营活动现金流出	222 949.28	184 063.25	38 886.03 ⬆	21.13%
投资活动现金流入	463.64	6.23	457.41 ⬆	7342.05%
投资活动现金流出	13 143.77	10 405.92	2 737.85 ⬆	26.31%
筹资活动现金流入	9 613.02	117.56	9 495.46 ⬆	8077.12%
筹资活动现金流出	10 789.97	5 202.32	5 587.65 ⬆	107.41%

图 3-12　A 公司现金流入流出结构对比表

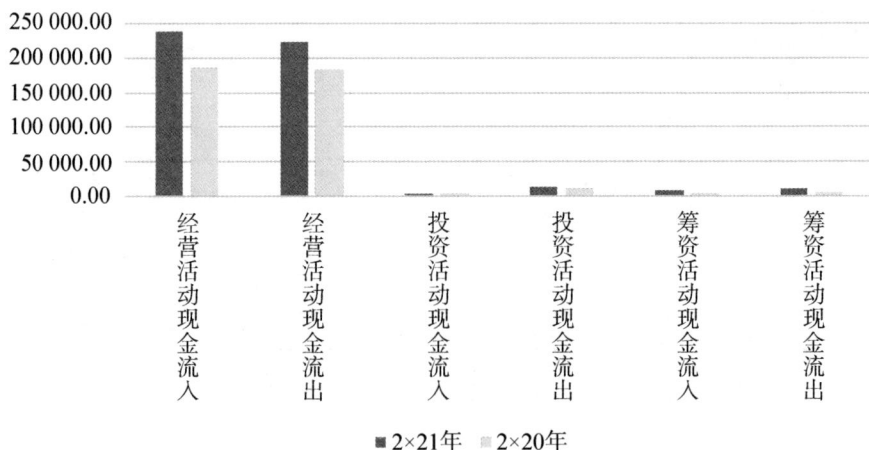

图 3-13　A 公司现金流入流出结构对比柱状图

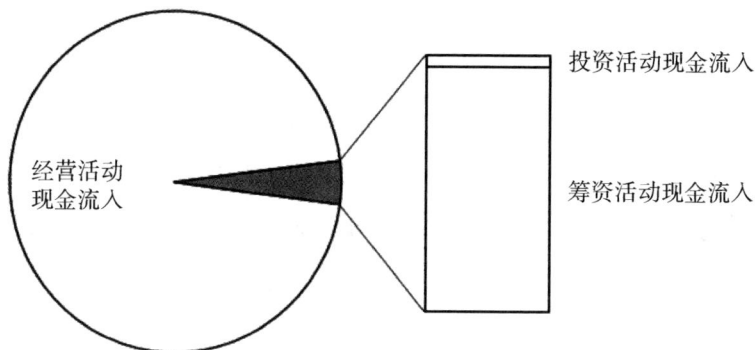

图 3-14　A公司 2×21 年现金流入结构图

通过图 3-13 和图 3-14 可以看出，2×21 年 A 公司实现现金总流入为247 533.43 万元，其中经营活动产生现金流入 237 456.77 万元，占总现金流入的比例为 95.93%；实现现金总流出 246 883.02 万元，其中经营活动产生现金流出222 949.28 万元，占总现金流出的比例为 90.31%。

说明 A 公司经营状况较为稳定，经营活动带来的稳定现金流入可在偿还债务的同时满足投资需求，但应注意投资合理性及投资风险。

从经营效率分析看经营情况

影响企业经营效益的因素很多，但总的来说有两种类型，一种类型是企业的外部环境，如企业的生产力布局、产业结构、市场行情、相关法律法规；另一种类型是企业的内部因素，如产品结构、资金周转速度、设备利用率。

要想提高企业的经营效益，除了政府及有关部门的支持，企业自身也需要不断努力。对于经营者来说，重点应立足于本企业，并且通过不断改善经营管理以及提高效率，才能最终提高企业的经营效益。下面结合 A 公司案例，讲解如何对企业经营效益进行分析，并从分析中了解企业的经营情况。

1. 存货及应收账款使用效率分析

截至 2×21 年 12 月 31 日，A 公司存货周转率为 5.53，应收账款周转率为 15.69，营业收入比上一年增加 32.07%，应收账款规模减小，说明应收账款管理水平得到有效提高，为市场销售提供有效支撑，但应注意存货增加引起的资金占用风险。

2. 营业周期分析

营业周期是指从取得存货开始到销售存货并收回现金为止的天数，等于存货周转天数加上应收账款周转天数。

A 公司存货周转天数 =360÷存货周转率 =360÷5.53=65（天）

A 公司应收账款周转天数 =360÷应收账款周转率 =360÷15.69=23（天）

故 2019 年 A 公司营业周期为 88 天，说明公司资金周转速度尚可，资金可得到有效利用。

3. 应收账款与应付账款的协调性分析

A 公司应收账款周转率为 15.69，应付账款周转率为 1.54。

从应收应付账款的增长速度来看，应收账款增长率为 −14.28%，应付账款增长率为（190 000.00−180 000.00）÷180 000.00×100%=5.56%，应收账款增长率小于应付账款增长率，说明应收账款得到有效回收，企业运用应收账款进行短线融资的能力增强。

从应收应付账款的结构来看，本年应收应付比率为 10.72%（20 370.62÷190 000.00×100%），上年应收应付比率为 13.29%（23 915.07÷180 000.00×100%），说明应收应付账款的结构有所优化，应收应付账款的协调性变强。

从经营协调性分析看经营风险

企业的经营协调性就是在时间上和数量上对企业资金的协调。因此企业的经营协调性分析可以分为长期投融资活动协调性分析、营运资金需求变化分析和现金收支的协调性分析等。

1. 长期投融资活动协调性分析

一般情况下，企业的运营资本都必须为整数，也就是说，企业的结构性负债必须大于结构性资产，并且数额要满足企业经营活动对资金的基本需求。如果企业是通过流动负债来保证这部分资金需求，则企业很可能会经常面临支付困难和不能按期偿还债务的风险。以前述 A 公司为例，其营运资本的计算如下：

A 公司的营运资本 = 结构性负债 − 结构性资产 = 流动资产 − 流动负债 = 194 370.26−191 367.51=3 002.75（万元）

从 A 公司的长期投资和融资情况来看，2×21 年公司长期投融资活动为公司提供的营运资本为 3 002.75 万元。公司部分结构性长期资产的资金需求未通过短期流动负债来满足，如果该营运资本为负，则说明公司长期投融资活动起到的作用很小，公司可能面临经常性的支付风险。

2. 营运资金需求变化分析

营运资金需求是企业在生产经营过程中保证连续性、周期性的生产所必需的资金。具体是指企业用流动负债弥补之后仍然不足时，需要企业筹集的资金，它不包括货币资金、可立即变现的票据以及需要立即支付的短期借款和应付票据等。

营运资金需求通用的计算公式如下：

营运资金需求＝（应收账款＋预付款项＋存货＋待摊费用＋……）－（应付、预收款项＋未交、未付税利＋预提费用＋……）

则2×21年A公司营运资金需求为：

（应收账款＋预付款项＋存货＋其他流动资产）－（应付账款＋应付职工薪酬＋其他流动负债）＝（20 370.62＋17 823.36＋66 119.51＋1 124.03）－（190 000.00＋1 000.00＋367.51）＝－85 929.99（万元）

同样的方法可计算得出企业上年同期营运资金需求为－83 967.79万元，本年相比减少1 962.20万元。

营运资金需求反映的是企业生产经营活动对资金的需求情况，这部分资金通常由营运资本来保证。如果营运资本大于营运资金需求，可以说明两点问题，一是表明企业的生产经营活动资金很充足，经营协调性比较好；二是表明企业的流动负债资金来源大于生产经营资金占用，并且可满足部分结构性资产的资金需求。

3. 现金收支的协调性分析

现金支付能力是企业资金配置与经营活动协调的集中反映，也是企业应付市场变化、抓住各种发展机遇能力的反映。现金支付能力指标就是企业的晴雨表，在企业中占据非常重要的位置。

如果企业现金支付能力为负，说明企业处于现金短缺状态，难以维持正常的生产经营状态。其通用的计算公式如下：

现金支付能力＝（货币资金＋短期投资＋应收票据）－（短期借款＋应付票据）

则2×21年A公司的现金支付能力为

货币资金＋应收票据＝11 388.47＋77 544.29＝88 932.76（万元）

同样的方法可计算得出企业上年同期现金支付能力为83 629.91万元，本年相比增加5 302.85万元。短期内企业的现金支付能力较好。

从盈利能力分析看盈亏状况

盈利能力简单理解就是企业赚取利润的能力。通常而言，企业的盈利能力是指企业正常营业状况下的盈利能力。对于非正常的营业状况，也会给企业带来收益或损失，但这只是特殊情况下的个别情况，不能说明企业的能力。因此，在分析企业盈利能力时，应当排除以下因素：

◆ 证券买卖等非正常项目。

◆ 已经或将要停止的营业项目。

◆ 重大事故或法律更改等特别项目。

◆ 会计准则和财务制度变更带来的累计影响等。

下面结合 A 公司案例，从以下几个方面对公司盈利能力进行分析：

1. 以销售收入为基础的利润率指标分析

截至 2×21 年 12 月 31 日，A 公司营业毛利率为 19.74%，营业利润率为 3.40%（11 829.05 ÷ 347 489.54 × 100%），营业净利率为 2.75%（9 555.31 ÷ 347 489.54 × 100%）。2×20 年 A 公司的营业毛利率为 17.70%（100%−216 548.43 ÷ 263 116.79 × 100%），营业利润率为 3.58%（9 421.29 ÷ 263 116.79 × 100%），营业净利率为 3.00%（7 889.70 ÷ 263 116.79 × 100%）。

上述计算过程中涉及的营业利润率的计算公式为

营业利润率 ＝ 营业利润 ÷ 营业收入

营业净利率 ＝ 净利润 ÷ 营业收入

由上述数据可知，A 公司总体获利能力在下降，虽然销售毛利率在增加，但费用开支和营业外支出的增加，使营业利润率和销售净利率都同比下降，对盈利状况造成较大影响。

2.成本费用对获利能力的影响分析

A公司成本费用与利润总额的配比分析及成本费用结构分析如图3-15和图3-16所示。

项　目	2×21年	2×20年
利润总额	11 466.40	9 464.15
成本费用总额	335 765.66	254 108.36
成本费用利润率	3.42%	3.72%

图3-15　A公司成本费用与利润总额的配比

项　目	2×21年	2×20年
营业成本/成本费用	83.07%	85.22%
税金及附加/成本费用	0.29%	0.34%
销售费用/成本费用	12.91%	11.72%
管理费用/成本费用	3.23%	3.01%
财务费用/成本费用	0.49%	−0.28%

图3-16　A公司成本费用结构分析

从绝对金额来看，2×21年公司占成本费用构成比率最大的是营业成本，占总成本费用的83.07%，且与去年同期相比，营业成本增长额为62 355.63万元，增长率为28.8%，所以A公司控制成本费用应从营业成本着手。

3.收入、成本和利润增长的协调性分析

A公司本期营业收入增长率为32.07%，营业成本增长率为28.8%，营业利润增长率为25.56%。营业成本的增长小于营业收入的增长，说明企业投入产出效率有所提高，营业收入与营业成本的协调性增强，营业收入增长大于营业利润的增长，说明成本费用控制环节有待加强。

营业收入同比继续扩大的同时，也实现了企业资本的保值增值，企业成长性较好。

第 4 章

财务管理与风险评估

　　财务管理是企业管理工作中的重要内容，它是一项组织企业财务活动、处理企业财务关系的经济管理工作。而风险评估则是对风险事件在发生前后对人们的生活、生命和财产等各方面造成的影响和损失进行量化的评估工作。本章主要了解财务管理与风险评估的方法和意义，为企业进行内部控制和风险管理奠定基础。

财务管理目标与基本理论

企业是一个独立的经营个体，在生产经营过程中要自负盈亏，而财务管理就是要通过会计核算与监督，记录企业的盈亏状况以及财务状况，同时实现企业的财务管理目标。同样，财务管理目标的确定，可帮助企业规范自身的经营行为，防范财务风险。

对企业来说，财务管理目标是企业做出财务决策的依据，只有制定了明确且合理的财务管理目标，企业的财务管理工作才有明确的方向，从而降低企业财务决策失误的风险。

目前，我国企业财务管理的目标有多种，其中以利润最大化、股东财富最大化、企业价值最大化等目标最具有影响力和代表性。

1. 利润最大化

在市场经济中，资金的每项来源都有其对应的成本，同时每项资产的运用都应该获得相应的报酬。故能对企业资金加以有效利用，是企业目标对财务管理的要求。

这一要求使得利润最大化成为企业财务管理的目标。为实现这一目标，企业需要加强管理、改进技术、降低生产成本并提高劳动效率，这些措施都有利于资源的合理配置，有利于经济效益的提高。

但是利润最大化存在一定的片面性，它只是对经济效益较浅层次的认识。例如，该目标没有考虑所获利润与所承担风险的关系。另外，利润最大化往往使企业财务决策带有短期行为的倾向，只顾实现眼前的最大利润，不顾企业的长远发展，不利于可持续发展目标的实现。

2. 股东财富最大化

这种财务管理的目标认为，企业主要由股东出资成立，而股东创办企业的目的必然是获取收益，所以企业经营发展应追求的财务管理目标是股东财富最大化。

实务中，企业通常以股票价格来衡量股东财富，因此股东财富的高低取决于企业拥有的股票数量和股票市场价格。在股票数量一定的前提下，尽可能地使股票价格升高，就有可能达到股票价格最大化，即股东财富达到最大。

但是股东财富最大化也存在明显的缺陷，即很难适用于非上市公司。

3. 企业价值最大化

相比股东财富最大化而言，企业价值最大化是指通过合理经营，充分利用资金的时间价值和风险与报酬的关系，将企业长期稳定发展摆在首位，强调在企业价值增长中应满足各方利益关系，不断增加企业财富，使企业总价值达到最大化。在企业价值最大化的前提下，也必能增加利益相关者的投资价值。

在我国，企业很难通过证券市场找到一个恰当的标准来衡量"股东财富"，因此"股东财富最大化"这一财务管理目标很少被使用，相比之下，企业价值最大化是更科学、合理的财务管理目标。

企业价值最大化的衡量指标应该以相关者的利益为出发点，但由于评估的标准和方式都存在较大的主观性，如何准确计量成为最主要也是最急切的问题。

投资风险控制

投资是特定经济主体为了在未来可预见的时期内获得收益或是资金增值，在一定时期内向一定领域投放足够数额的资金或实物的货币等价物的经济行为。企业通过投资可以将资金投向生产经营的薄弱环节，使企业的生产经营能力与企业发展需求配套，还可以实现多元化经营。所以投资是企业生存与发展以及获取利润的基本前提，对投资进行管理也是风险控制的重要手段。

1. 企业投资的分类

企业投资类型的划分依据主要有投资方向、投资项目之间的相互关系、投资活动与企业本身的生产经营活动的关系以及投资对象的存在形态和性质等。

◆ 按投资方向划分。

在该分类依据下，企业投资可分为对内投资和对外投资。

对内投资。 在企业范围内部的资金投放，用于购买和配置各种生产经营所需要的经营性资产。

对外投资。 向企业范围以外的其他单位投放资金。

◆ 按投资项目之间的相互关系划分。

在该分类依据下，企业投资可分为独立投资和互斥投资。

独立投资。 各个投资项目互不关联、互不影响，可以同时并存。

互斥投资。 各个投资项目之间相互关联、相互替代，不能同时并存。

◆ 按投资活动与企业本身的生产经营活动的关系划分。

在该分类依据下，企业投资可分为直接投资和间接投资。

直接投资。 将资金直接投放于形成生产经营能力的实体性资产，是直接谋取经营利润的企业投资。

间接投资。 将资金投放于股票、债券和基金等权益性资产上的企业投资。

◆ 按投资对象的存在形态和性质划分。

在该分类依据下，企业投资可分为证券投资和项目投资。

证券投资。 通过证券资产赋予的权利，间接控制被投资企业的生产经营活动，获取投资收益，即购买属于综合生产要素的权益性权利资产的企业投资。

项目投资。购买具有实质内涵的经营资产的投资，包括有形资产和无形资产，形成具体的生产经营能力，开展实质性的生产经营活动，谋取经营利润。

2. 项目现金流量

在进行投资项目的经济效益评估时，采用现金流量作为计算项目投资效益评价指标的主要依据，而不是采用会计收益。

项目投资现金流量一般是在不考虑融资情况下分析，即假定项目的投资资金均为企业的自有资金，然后计算项目投资在企业所得税税前和税后的内部收益率、财务净现值及投资回收期等财务评价指标。这样可以单纯地衡量投资项目的盈利能力。

投资期涉及的现金流量有长期资产投资（购置成本、运输费和安装费等）和垫支营运资金（追加的流动资产扩大量与结算性流动负债扩大量的净差额）。

营业期涉及的现金流量有营业收入、付现营运成本、大修理支出和所得税等，其计算公式如下：

营业现金净流量＝营业收入－付现成本－所得税费用＝营业收入－付现成本－所得税费用－非付现成本＋非付现成本＝营业收入－成本总额－所得税费用＋非付现成本＝税后营业利润＋非付现成本＝（收入－付现成本－非付现成本）×（1－所得税税率）＋非付现成本＝收入×（1－所得税税率）－付现成本×（1－所得税税率）＋非付现成本×所得税税率

终结期涉及的现金流量有固定资产变价净收入、垫支营运资金的收回、固定资产变现净损失抵税和固定资产变现净收益纳税等，涉及的计算公式如下：

固定资产变现净损益＝变价净收入－固定资产的账面价值

固定资产的账面价值＝固定资产原值－按照税法规定计提的累计折旧

固定资产变现净损益对现金净流量的影响＝（固定资产账面价值－变价净收入）×所得税税率

资金需要量的预测

资金需要量预测是指企业根据生产经营的需求，对未来所需资金的估计和推测。企业筹集资金，首先要对资金需要量进行预测，即对企业未来组织生产经营活动的资金需要量进行估计、分析和判断，它是企业制订融资计划的基础。

1. 资金需要量预测的意义

企业持续的生产经营活动，不断地产生对资金的需求，同时企业进行对外投资和调整资本结构也需要筹措资金。企业需要的这些资金，一部分来自企业内部，另一部分通过外部融资取得。

企业开展对外融资活动时，不仅要寻找资金提供者，还需要向意向者展示企业的盈利前景，使意向者判断出投资企业是有利可图的，进而产生投资意愿。在获取了资金提供者的投资后，企业还需要对其做出还本付息的承诺。这一整个过程耗费的时间通常较长，所以需要企业明确自身的资金需要量，并提前做好融资计划，防止融资周期过长而影响资金的周转。

2. 资金需要量预测的步骤

企业资金需要量预测一般按以下步骤进行：

①销售预测。

销售预测是企业财务预测的起点。销售预测本身不是财务管理的职能，但它是财务预测的基础，销售预测完成后才能开始财务预测。因此，企业资金需要量的预测也应当以销售预测为基础。

②估计资产。

资产的占有和使用通常也涉及资金的使用，资产占有多少，使用多少，如何配置资产结构等，也会涉及资金的合理分配。因此，通过估计资产，可以预测企业需要多少资金。对企业来说，某些负债也是资产来源之一，而负债在生产经营过程中具备自发增长率，如果可以预测这种自发增长率，就可以相应地减少企业外部融资的数额。

③估计收入、费用和留存收益。

收入和费用与销售额之间也存在一定的函数关系，因此可以根据销售额估计收入和费用，并确定净利润。净利润和股利支付率共同决定了留存收益所能提供的资金数额，所以估计收入、费用和留存收益也能在一定程度上帮助企业确定资金需要量。

④估计需要追加的资金需要量，确定外部融资数额。

根据预计资产总量，减去已有的资金来源、负债的自发增长和内部提供的留存收益，得出应追加的资金需要量，以此为基础进一步确定所需的外部融资数额。

3. 资金需要量预测的方法

企业资金需要量的预测方法主要有定性预测法和定量预测法两种。

①定性预测法。

定性预测法是指在调查研究的基础上获取财务信息和资料，负责预测的人再凭借自身掌握的知识和积累的经验对资金需要量做出判断。显然，这种方法不能准确量化被预测对象的数据，只能定性地估计被预测对象的发展趋势、优劣程度和发生概率。

由此可知，定性预测的正确与否完全取决于预测者的知识和经验是否正确且运用得当。需要注意的是，在进行定性预测时，并不是完全不涉及量化分析，实务中预测者要在进行理性、客观的分析和论证的同时以量化分析为辅助进行预测。所以这种方法一般在缺乏完整、准确的历史资料时使用。

定性预测法按方式的不同，可分为德尔菲法、市场调查法和相互影响预测方法这三种，具体内容见表4-1。

表4-1　定性预测法下的细分预测方法

方　　法	操　　作
德尔菲法	又称专家调查法，是指根据有专门知识的人的直接经验，对被预测对象进行判断和预测的一种方法。因此，该方法的关键是选择合适的专家 优点：预测的速度较快，可以节约预测费用；可以获取不同的且有价值的观点和意见 缺点：对于分地区的客户群或产品的预测很可能不可靠；工作方向比较分散 适用范围：适用于长期资金需求预测
市场调查法	市场调查法是对经济市场中的交易组织和个人以及商品和服务的品种、数量、质量和交货期等进行调查的一种方法。该方法一般采用抽样调查法，通过简单的随机抽样、分层抽样、分群抽样、规律性抽样或非随机抽样等技术，对数据信息进行统计，然后做出定性预测 优点：能直接获得潜在客户的第一手消费情况资料 缺点：预测成本较高，专业性较强 适用范围：该方法适用于交易业务本身和商品或服务的调查
相互影响预测方法	德尔菲法和市场调查法只针对被预测对象本身，无法预测被预测对象与其他因素之间的相互关系，而相互影响预测方法就可以。相互影响预测方法是指通过分析各个因素或事件因为相互作用而引起概率发生变化的情况来研究各个因素或事件在未来发生的可能性的一种预测方法

②定量预测法。

定量预测法是指以资金需要量为目标，结合其与有关因素的相互关系，在掌握的大量数据资料的基础上利用一定的数学方法加以计算分析，并将计算分析结果作为预测依据的一种方法。该方法又可细分为销售百分比法和资金习性法等。

◆ **销售百分比法**：分析报告年度内的资产负债表有关项目与销售额之间的关系，结合取得的销售数据资料，确定资产、负债和所有者权益的有关项目占销售额的百分比，根据预测期销售额与假定不变的百分比，对预测期的资金需求量进行预测。

◆ **资金习性法**：资金习性法是指根据资金占用量与产品销售量之间的关系，对资金需求量进行预测的一种方法。使用该方法时需要区分固定资金和变动资金，预测时，固定资金是在一定产销规模内不随产量或销量变动的资金，如经营活动占用的最低数额的现金、原材料的保险储备以及机器设备和厂房等固定资产占用的资金；变动资金是随产销量变动而变动（同比例或不同比例变动）的资金，如应收账款占用的资金。

短期资产管理中的风险与防范

短期资产是企业内部一种资产类型，主要包括货币资金、存货和应收账款等。它是企业进行正常的生产经营活动所必需的，所以对它的管理也是防范风险的一方面措施。

1. 货币资金管理中的风险与防范

企业所有资产中流动性最强、风险最大的资产就是货币资金。货币资金包括库存现金、银行存款和其他货币资金。其他货币资金指外埠存款、银行汇票存款、银行本票存款、信用卡存款、信用证保证金存款和存出投资款等。企业的资金风险可分为三大类：安全风险、短缺风险和使用效率风险。下面详述三类风险的识别与防范。

◆ 资金安全风险及其管理。

资金安全风险主要是指资金被挪用、诈骗和贪污的风险。企业内部控制制度不够完善，资金管理工作不到位，该分离的不相容职务没有分离等，都会产生资金安全风险。这一风险对企业来说有可能是致命的，因此必须掌握一定的方法来识别，具体见表4-2。

表 4-2　识别资金安全风险的方法

方　　法	操　　作
制作事件清单	将企业关于资金的内部控制不健全的表现编写成一份事件清单，通过分析这些表现来确定其对资金安全的影响程度，从而判断是否会引发资金安全风险
面谈与问卷调查	通过面谈和问卷调查的方式，了解企业内部员工的资金使用情况，看其中是否存在不规范甚至不正确的行为，判断是否存在资金安全风险
流程图分析	对涉及资金收付的业务进行流程图分析，确定风险点以有效控制风险

资金安全风险重在防范，通过营造良好的内控环境、建立完善的资金管理制度来堵住资金的各种安全漏洞，比如可采用下列措施：

①建立健全资金的授权审批制度，使资金的收付有章可循、有规可依。

②合理设置财务岗位，提高员工的财务风险意识，做好财务工作的监督，防止不相容职务由同一人担任。

③重视企业内部审计工作，及时发现企业资金管理过程中可能存在的问题，从而防范资金安全风险。

◆　资金短缺风险及其管理。

企业不能及时、足额地提供生产经营所需的资金，从而导致企业放弃购买优惠或亏本出售，甚至因为无法及时清偿债务导致信用受损或被迫破产重组、被收购等，就是资金短缺带来的风险。企业可以动静结合地分析判断企业是否存在资金短缺风险。

立足于静态角度，选取某一时点企业的资金存量占总资产的比例，与行业水平比较，若低于行业水平，则可能存在资金短缺风险。还可以从企业本身出发，选取某一时点的资金存量与企业的短期有息负债进行对比，分析判断企业是否能按时偿还债务，以及偿还债务的紧迫性，以此确定是否存在资金短缺风险。

立足于动态角度，分析不同会计期间的应收账款、应付账款和存货的增加变动情况，以及现金流量的变化情况，看资金来源是否满足经营所需，从而判断是否存在资金短缺风险。

企业应从以下几方面应对货币资金的短缺风险：

①在企业内部全面提高资金短缺风险的防范意识。

②优化资本结构，掌握科学合理的最佳现金持有量确定方法，为企业确定最佳现金持有量，避免资金短缺。

③提高现金预算的编制水平，准确地预测企业的资金需求量、对外融资数额以及融资所需的时间，以便做好资金衔接工作。

◆　资金使用效率风险及其管理。

资金使用效率风险主要是指企业的资金在使用过程中没有充分发挥保值、增值作用的风险。如果一个企业本身存在大量闲置资金，却还向银行借入款项来完成生产经营活动，使得自有资金不能获取投资收益，另外还生成了负债利息，显然这样的情况就是资金使用效率低下的表现，企业存在资金使用效率风险。要想提高资金使用效率，需先认识资金使用效率风险的产生原因，主要有以下三点：

现金预算编制不准确。很多企业在编制现金预算时，考虑的方面不全，也不细致，只是笼统地给出一个大概的数据，没有细致、全面的预算流程。

企业内部资金调度不畅。大部分企业内部都划分了不同的职能部门，各部门之间存在资金调度问题。而很多企业对于资金的调度不够科学，使得资金调度工作繁杂、程序冗杂，手续混乱，造成资金闲置或者资金补充不及时，从而降低了资金的使用效率。

现金管理能力不强。很多企业不重视现金管理，认为闲置现金多了也不会对企业产生太大的影响，即使会产生影响也不在意；也不注重现金的清查盘点工作，一遇到现金短缺就只是做盘亏处理，没有积极查明短缺原因，使企业蒙受不必要的损失。

企业可采用表 4-3 所示的策略来提高资金的使用效率。

表 4-3　提高资金使用效率的策略

策　　略	操　　作
提高预算管理水平	通过选择科学合理的预算编制方法来提高预算管理水平,从而精准地预测企业的资金需求量,有序地组织企业的资金管理活动,提高资金使用效率
加强应收账款的催收,快速回笼资金	企业根据自身的产品销售情况,如市场占有率、质量、品种、规格和价格等,确定符合企业发展需求的信用标准和政策,提高应收账款的催收效率,尽快收回资金
谨慎投资有价证券	这里所称的有价证券投资是指资本证券的投资,这类投资的风险并不小,企业必须谨慎衡量投资风险与收益,选择符合企业风险承受能力的证券进行投资,提高资金使用效率
分派现金股利,进行股份回购	如果企业有闲置资金且没有找到合适的投资机会,为了提高资金使用效率,就可以采取现金分红或股份回购的方式减少闲置资金,同时还能汇报股东,一举两得

2. 存货管理中的风险与防范

在企业管理制度日趋完善的当下,存货管理也成为企业管理的重要内容。加强存货管理是保证企业开展正常的生产经营活动的物质基础,同时也是企业资金管理的一个重要分支。因此,存货管理的好坏也成了衡量企业管理制度是否完善、合理的重要标志。

存货的管理也并非易事,管理不好同样会引发风险。那么常见的存货管理风险有哪些呢?企业应如何防范相关风险?存货管理风险包括存货决策风险和存货日常管理风险。

存货决策风险。这是企业对存货的数量和需求量进行管理决策时不能准确把握存货数量而带来的风险,比如盲目进货造成存货加压带来的资金使用效率低下的风险;或者少进货而影响企业的正常生产带来的信用受损的风险和物价上涨导致的潜亏风险。

存货日常管理风险。一方面是存货的入库、出库和结存记录不真实，导致单据填写不正确，给会计核算制造麻烦，使存货数据在日后难以核查，管理混乱的风险；或者使材料的领用审批制度不健全，造成材料浪费或短缺。另一方面则是企业内部控制制度中关于存货的控制管理不合理、不完善，造成存货管理无秩序、无章法，形成失真的会计信息。

企业可从表 4-4 所示的几方面入手防范存货管理失控，进而防范风险。

表 4-4 防范存货管理失控并预防风险的措施

措 施	说 明
建立存货管理制度	结合企业的生产经营特点，建立符合企业发展的存货管理制度，严格规范企业存货的采购、领用和消耗等环节的工作，同时做到责任到位，明确各责任人的职责。有条件的企业还可通过专业的存货管理软件或系统，在企业内部建立存货管理网络系统，实现存货采购、入库、出库和保管等方面的数据共享，提高存货管理效率，同时方便日后查阅存货信息
设置科学的存货管理流程	一套完善、流畅的存货管理流程可大大提高存货管理效率，同时防止存货管理不当以及相关舞弊行为的发生。科学的存货管理流程既要符合分工写作的要求，也要起到存货使用的相互监督作用，还要保证存货有清查盘点的流程，这样才能囊括存货管理的方方面面，有效防止存货管理失控
加强对仓库管理人员的业务培训	仓库管理人员是存货的直接管理者，仓库管理人员的业务能力直接关系到存货管理工作的好坏，因此企业需要加强对仓库管理人员的业务培训，提高他们的业务能力和职业素质，从而提高存货管理效率，防范存货管理失控带来的存货管理风险
订立科学合理的采购计划、控制库存量	存货过多就会积压，占用企业资金，不仅可能使企业面临存货跌价的风险，还会面临资金使用不当而造成的无法增值的风险；存货过少又可能使企业无法按期交货，影响企业在客户方的信用，带来信用风险。所以企业要订立科学合理的采购计划，控制存货库存量，既要保证正常生产经营所需，也要防止存货过多带来的不利影响
充分利用仓库的控制作用	仓库不仅有储存货物的功能，还有为企业提供库存信息、监督存货使用情况以及管理存货、及时处理呆滞状态的物料和废料的作用。通过这些作用，仓库部门可有效控制企业的存货数量，将其控制在一个合理的水平，在企业防止存货管理失控的工作中扮演着不可忽视的角色。因此，企业一定要重视仓库部门工作的开展，实时了解工作执行情况，保证仓库管理人员充分利用仓库的控制作用

3. 应收账款管理中的风险与防范

企业经营过程中，客户会在收到货物后再付款。所以对于企业而言，应收账款是存在风险的。若对方信用不良，很可能造成账款收不回来。那么应收账款的风险有哪些，应如何避免这些风险呢？首先我们来了解应收账款风险产生的四点原因，见表4-5。

表4-5　产生应收账款风险的原因

原　　因	详　　述
信用管理不健全	客户的不良信用对应收账款造成损失的可能性就是客户的信用风险。当前很多企业都是在主观决策下授予客户一定的信用，也很难有统一的客户资信管理制度和授信制度，使授予客户的信用不科学、不合理，同时客户信用档案保管不力，信息不完整，导致信用决策和控制的有效性不高
守信成本过高	我国企业的产权制度比较落后，对信用的重视不够，而且全民信用意识也不普及，导致社会信用体系不完善，经常出现守信发生的成本高于失信带来的损失，使得很多信用准则失灵，信用竞争意识很难得到扩散，这样对于守信的一方来说其应收账款就会面临风险
商品质量因素	商品质量的好坏、价格的高低及品种规格是否符合要求等均会影响客户的付款意愿，当客户收到性价比不高或者规格、款式等不符合客户要求的产品时，客户心里很可能产生不满，从而导致其不愿意付款，或者不愿意立即付款
市场竞争因素	在激烈的市场竞争中，各企业以花样百出的手段来扩大自身的销售，其中比较常用的就是赊销。而赊销必然产生应收账款，为了提高自身的优势，很多企业盲目放松信用政策，导致应收账款无法收回或者只能收回一部分，造成不必要的经济损失

企业管理人员可以采取以下措施对应收账款进行管理，防范风险：

◆ 建立专门的信用管理部门

企业信用风险管理具有很强的专业性、技术性和综合性，所以必须由专门的部门或小组负责，因为财务部门此时已经无法适应企业信用管理工作的需要。这样一来，企业最好单独设置信用管理部门或组织信用管理小组，通过专业的信用管理人员的工作确保企业能有效防范信用风险。

信用管理部门一般由企业的财务部门负责人领导，该部门的日常工作包括建立客户信用档案、授予客户科学合理的信用额度、监督应收账款的回收情况和信用政策的执行情况以及进行信用风险分析和应对。

◆ 进行信用调查分析

企业应运用科学的方法调查分析客户的信用状况，并形成一套完整的信用档案，在此基础上仔细分析信用调查结果，这样才能在对客户制定具体的信用政策时有可靠的依据。如果企业不重视对客户的信用调查，稀里糊涂地向客户授予信用额度，就会大大提高企业的应收账款风险。

企业在进行信用调查时，可以使用的方法有通知调查、秘密调查、实地调查和访谈相关人员等。其中通知调查就是向被调查对象发出通知，要求其提供相关资料和申报信用记录，然后对资料和记录进行抽样验证和分析；秘密调查则是在被调查对象不知道的情况下进行调查；实地调查是指调查人员到被调查人员所在地进行调查；访谈相关人员指调查人员向相关人员进行访谈以求证事实或疑点。

◆ 制定合理的信用政策

信用政策是企业对应收账款进行规划和控制的基本原则和规范。因为各企业的经营状况不同，所以要想制定出适合本企业的信用政策，就必须考量自身经营情况和客户信用状况。信用政策包括信用标准、信用期间和收账政策三方面。

①信用标准是客户获得商业信用应达到的最低标准，通常以预期的坏账损失率表示。

②信用期间是企业允许客户从购货到付款之间的时间，此期间不宜过长也不宜过短，必须谨慎确定。

③收账政策是指客户违反信用条件，拖欠甚至拒付账款时企业所采取的收账政策与措施。

合理的信用政策应将信用标准、信用期间和收账政策三者结合起来，综合考虑三者的变化对销售额、应收账款及各种成本的影响。

成本费用管理风险点

成本费用是衡量企业内部运行效率的重要指标，它对企业的盈利状况有着明显的影响，因此成本费用管理很有必要。成本费用管理指企业对生产经营过程中发生的全部费用和成本进行计划、控制、核算、分析和考核的一系列管理工作的总和。加强成本费用管理能提高企业的经营管理水平，从而增强盈利能力和抗压力能力。下面分别从成本和费用两个方面说明管理中的风险点及防范措施。

1. 成本风险与防范

成本风险是指成本有提高可能的风险。成本风险是某种可预见的危险情况发生的概率及其后果的严重程度这两个方面的总体反映，是对提高成本所带来的危险和后果的一种综合性认识。

成本风险主要涉及两个方面，一是成本信息扭曲风险，二是成本上升风险。

◆ 成本信息扭曲风险

企业的产品成本核算不规范、不正确，就会扭曲成本信息，使成本的归集不正确，成本的分配也会出现问题，费用和成本的划分混乱，导致财务报告的质量下降，进而误导管理者做出经营决策。管理报告中相关成本信息扭曲的诱因见表 4-6。

表 4-6 管理报告中相关成本信息扭曲的诱因

诱　因	说　明
成本不完整	成本的设置不完整，不能反映真实的产品成本，影响企业的定价决策和产品目标盈利的实现

续表

诱　因	说　明
成本标准不能及时修订	成本受市场环境的影响较大，从而使得企业的材料消耗定额随之发生变化。如果不及时调整材料消耗定额的标准，就会使成本核算工作出错，扭曲成本信息
间接制造费用不能合理分摊	企业的间接制造费用的归集和分配比较复杂，很多企业在进行制造费用的核算时或多或少都会存在一些问题。为了简化核算工作，很多企业基本上都采用传统、单一的分配方法来分配制造费用，严重影响产品成本核算的正确性，从而扭曲成本信息，影响产品或服务的定价决策
成本信息的提供不及时或不正确	财务核算工作不仅要详细、仔细，更要及时，因为财务信息的及时性关系着财务信息的有效性。成本信息的提供如果不及时，甚至不正确，就会影响最终的财务数据的及时性和正确性，带来信息扭曲风险

◆　成本上升风险

受市场环境的影响，企业经营过程中的各方面成本面临着不断变化的可能性，其中包括成本上升的可能。而对企业来说，成本上升必然加重企业的经营负担，从而引发成本上升风险。常见的造成成本上升风险的原因有如下六种：

①一些燃料产品的价格不断上涨，导致企业的直接材料成本不断上涨。这一原因对生产性企业的成本来说影响较大。

②企业对员工工作能力的要求越来越高，因此人力资源成本也就不断上升。

③为了切实保护我国自然资源和生态环境，相关部门尤其是税务部门会不断地调整相关税收政策，控制企业污染环境的行为，由此就可能使一些企业在排污时缴纳更多税费，这就会使企业的成本提高。

④汇率变动以及市场信用体系的不断变化，会使企业的融资成本上升。

⑤随着市场竞争日益激烈，生产所需的新材料、新工艺和新流程层出不穷，企业为了提高自身的生产优势，势必需要投入成本来研发或购买这些新材料、新工艺，使企业面临成本提高的风险。

⑥成本费用支出的审批不当，或者超越权限审批，都可能使成本费用支出不合理，引发重大差错和舞弊行为，形成其他管理成本，使成本升高。

那么，企业应采取哪些有效措施来管理成本上升风险呢？

①企业的采购、财务和其他职能部门都应切实掌握国家的宏观经济和行业发展状况，适应政策的变化，从而提高存货采购成本的预测能力，更好地预测成本的发展趋势，帮助企业制定出科学合理的成本管理目标。

②负责成本管理的人员要能掌握企业产品成本结构和成本项目变动对盈利目标的敏感度，从而更准确地预测各成本项目的变动幅度，识别成本风险点，掌握成本风险管理要点。

③采购和生产等部门要根据成本的历史数据以及同行的相关成本数据资料，及时调整本企业的成本策略，使其适应企业的经营状况和发展需求，从而降低成本上升给企业带来的不利影响。

④要多从企业自身实际情况出发制定成本管理战略，使其适应企业的生产经营水平。

⑤企业管理者要想办法降低经营成本，比如激发员工的责任感，使其积极主动地提出降低经营成本的办法，挖掘出管理成本的潜力。

2.费用风险与防范

任何企业在生产经营过程中都会涉及费用开支，如销售费用、管理费用和财务费用等。这些费用在支出时同样存在风险，在防范时也有对应的控制点。

◆ 费用支出的风险

费用支出的风险主要体现在内部控制工作中。

①企业没有建立完善的会计核算体系，费用核算流程不合理，核算工作混乱，甚至不符合会计准则和相关办法的规定，导致核算结果不正确。

②企业没有建立完善的费用预算管理制度，费用的支出管理较随便，使得不必要开支的费用增多，给企业带来经营压力。

③岗位分离制度不完善，或者执行力度不够，使该分离的岗位由同一人担任，出现财务舞弊行为，费用的核算工作不正确，引发费用风险。

④费用在报表中的列报和披露不符合会计准则的规定等。

◆　费用支出的控制点

费用支出的控制点要从制度的建立和执行等方面入手，内容如下：

①建立严格的费用预算制度和使用审批制度。

②费用的预算以及使用审批流程等的规定必须符合企业的经营管理水平、发展目标和成本效益原则。

③财务部门要制定费用使用的奖惩办法，在定期对费用指标的完成情况进行考核后，依据奖惩办法来追责，督促企业员工合理开支费用。

预算管理与绩效考核

在复杂的市场经济环境下，企业越来越重视财务管理，因为它与企业的战略目标息息相关。而财务管理中的预算管理和绩效考核是两项重要的工作内容，预算管理与绩效考核相结合，就可有效提高企业的财务管理水平和工作效率。

1. 预算管理

预算管理实际上是一项事前规划工作，它包括了企业的各个方面，如经营预算、财务预算、资本预算和筹资预算等，综合性非常强。预算管理不是财务部门一个部门的工作，它需要企业内部从董事会、经理层到基层所有员工都积极参与其中。通过预算管理，企业可制定相应的资金使用目标和成本费用开支范围等，有效控制企业的成本费用，为企业带来良好的经济效益，更好地实现财务管理目标。下面着重介绍经营预算与财务预算。

（1）经营预算

经营预算按照不同标准可分为以下几类：

◆ 按预算编制的出发点不同（是否考虑基期成本费用水平），可分为增量预算与零基预算，见表4-7。

表4-7　按预算编制的不同出发点划分经营预算类型

类　　型	说　　明
增量预算	以基期成本费用水平为基础，结合预算期业务量水平及有关影响因素的变动情况，通过调整有关费用项目而编制预算的方法。该预算方法的使用有前提：①企业现有业务活动是合理的，不需要进行调整；②企业现有各项业务的开支水平是合理的，在预算期可以保持；③以现有业务活动和各项活动的开支水平，确定预算期各项活动的预算数 优点：编制相对简单 缺点：①若预算期情况发生变化，预算数额会受到基期不合理因素的干扰，可能导致预算不准确；②不利于调动各部门达成预算目标的积极性
零基预算	不考虑以往期间所发生的费用项目和费用数额，而是一切以零为出发点，根据预算期的需要和可能，分析预算项目和费用数额的合理性，综合平衡编制费用预算 优点：①不受现有费用项目和预算水平的限制；②能调动各方面降低费用的积极性 缺点：编制工作量大

◆ 按业务量基础的数量特征不同，可分为固定预算与弹性预算，见表4-8。

表4-8　按业务量基础的数量特征不同划分经营预算类型

类　　型	说　　明
固定预算	根据预算期内正常的、可实现的某一固定业务量（如生产量或销售量）水平作为唯一基础来编制预算的方法 优点：简便易行 缺点：适应性差、可比性差

续表

类　型	说　明
弹性预算	在成本性态分析的基础上，依据业务量、成本和利润之间的联动关系，按照预算期内相关的业务量（如生产量、销售量或工时）的水平计算其相应预算项目所消耗资源的预算编制方法 优点：①按一系列业务量水平编制，扩大了预算的适用范围；②按成本性态分类列示，在预算执行中可以计算一定实际业务量的预算成本，便于预算执行的评价和考核 缺点：操作比较复杂，不易执行

成本性态（成本习性）是指成本（或费用）的变动与业务量之间的依存关系，主要有三种。一是固定成本与业务量，在一定时期和一定业务量范围内，总额不受业务量增减变动影响而保持不变的成本或费用，单位业务量的固定成本会随着业务量的增加而降低；二是变动成本与业务量，总额随着业务量的变动而成正比例变动的成本或费用，变动成本在单位业务量上是一个固定数；三是混合成本与业务量，同时兼有固定成本和变动成本性质，可大致分为固定成本部分和变动成本部分。

弹性预算理论上适用于所有与业务量有关的预算，但实务中主要用于编制成本费用预算和利润预算。弹性成本费用预算主要有两种编制方法，见表 4-9。

表 4-9　弹性成本费用预算的编制方法

方　法	说　明
公式法	$y = a + bx$ 成本预算额＝固定成本预算额＋单位变动成本预算额 × 预计业务量 优点：①简化预算编制工作；②将实际业务量代入公式就可以计算与实际业务量匹配的预算额，控制更为准确 缺点：需临时计算成本预算额，并且各细目均须按成本习性人为分解为固定成本和变动成本，有一定误差，也比较麻烦
列表法	在确定的业务量范围内（按相等的业务量间距）将业务量分为若干个水平，然后按不同业务量水平编制成本费用预算 优点：①直观；②不必对混合成本进行人为分解 缺点：若实际业务量与预算业务量发生差异，需要根据实际业务量重新计算变动成本和混合成本，不太方便

◆ 按预算期的时间特征不同，可分为定期预算与滚动预算，见表 4-10。

表 4-10　按预算期的时间特征不同划分经营预算类型

类　型	说　明
定期预算	以固定的会计期间（如年度、季度、月份）作为预算期的一种预算编制方法 优点：使预算期间与会计期间相对应，便于将实际数与预算数进行对比，也有利于对预算执行情况进行考核、分析和评价 缺点：不利于前后各期的预算衔接，不能适应连续不断的业务活动过程的预算管理
滚动预算	在上期预算完成情况基础上，调整和编制下期预算，并将预算期间逐期连续向后滚动推移，使预算期间保持一个固定的时间跨度 优点：①预算保持持续性，有利于结合近期目标和长期目标；②使预算随时间的推进不断加以调整和修订，使预算与实际情况更加适应，有利于充分发挥预算的指导和控制作用 缺点：预算过程比较烦琐，预算的工作量较大

（2）财务预算

财务预算由预算现金流量表、预算利润表和预算资产负债表等构成，是对服务于企业管理者的内部报表进行的预算，能从总体上反映企业所有业务的全局情况，亦称"总预算"。

◆ 预算现金流量表是反映预算期内企业因经营活动、筹资活动和投资活动引起的所有现金流入和流出的预算。其中针对经营现金流量编制的预算也称为现金预算。该预算包括三大内容，见表 4-11。

表 4-11　预算现金流量表的三大内容

内　容	详　述
预计经营活动现金流量	根据经营预算中各预算内的现金收支项目填列
预计投资活动现金流量	根据资本预算中的投资预算相关内容填列；或者考虑最佳现金余额以及预算期内经营活动现金净流量、投资活动现金净流量和长期借款变动及其利息支付等现金流量综合计算得出

续表

内　容	详　述
预计筹资活动现金流量	根据资本预算中的筹资预算相关内容填列；或者考虑最佳现金持有量及预算期内经营活动现金净流量、投资活动现金净流量和存款变动及其利息收益等现金流量综合计算得出

◆ 预算利润表是反映预算期内预计销售收入、相关成本、利润和税金等经营活动成果，预计其他损益以及利润分配的预算。

◆ 预算资产负债表是反映预算期末企业资产、负债和所有者权益等财务状况的预算。

2. 绩效考核

绩效考核通常也称为业绩考评或"考绩"，是针对企业中每个职工所承担的工作，应用各种科学的定性和定量的方法，对职工行为的实际效果及其对企业的贡献或价值进行考核和评价。

绩效考核是企业人事管理的重要内容，更是企业管理中强有力的手段之一。业绩考评的目的是通过考核提高每个个体的效率，最终实现企业的目标。企业进行业绩考评工作时需要做大量的相关工作。首先必须对业绩考评的含义做出科学的解释，使得整个组织对其有一个统一的认识。

绩效考核按时间划分，可分为定期与不定期考核；按内容划分，可分为特征导向型、行为导向型和结果导向型；按主观和客观划分，可分为客观考核方法和主观考核方法。

绩效考核的原则有公平原则、严格原则、单头考评的原则、结果公开原则、结合奖惩原则、客观考评的原则、反馈的原则和差别的原则。

什么是风险评估

风险评估是指在风险识别和估计的基础上，综合考虑风险发生的概率、损失幅度以及其他因素，得出系统发生风险的可能性及其严重程度，并与公认的安全标准进行比较，确定风险等级，由此决定是否需要采取控制措施，以及控制到什么程度。

1. 风险评估内容

风险评估的内容包括三点，见表 4-12。

表 4-12 风险评估的内容

内　容	详　述
对风险本身的界定	包括风险发生的可能性、风险强度、风险持续时间、风险发生的区域及关键风险点
对风险作用方式的界定	包括风险对企业的影响是直接的还是间接的，是否会引发其他的相关风险，以及风险对企业的作用范围等
对风险后果的界定	在损失方面：如果风险发生，评估风险对企业会造成多大的损失，同时评估为了规避或防范风险企业需要付出多大的代价 在冒风险的利益方面：评估企业冒着风险可能获得的利益有多大，规避或降低风险的措施实施后又能得到多少利益

2. 风险评估过程

在风险评估过程中，有以下几个关键问题需要考虑：

①进行风险评估所要保护的对象是什么？它有什么直接和间接价值？

②了解资产有哪些潜在威胁？产生威胁的原因是什么？威胁发生的可能性有

多大？具体有哪些弱点？这些弱点被利用的容易程度？

③如果威胁事件发生，企业会遭受怎样的损失、面临什么负面影响？

④企业应采取什么样的措施才能尽可能地降低风险给自身带来的损失。

解决以上问题的过程就是风险评估的过程。

3. 风险评估范围及方式

对企业来说，风险评估的作用范围可以是整个企业，也可以是企业内部的某个或某几个部门，还可以是一些管理体系或工作项目。由于被评估对象的情况各有不同，为了更准确地对被评估对象进行风险评估，企业需要针对不同的情形选择合适的风险评估方法。实务中，常用的风险评估方式有基线评估、详细评估和组合评估这三种。

◆　基线评估。

企业根据自身所处的行业、业务环境以及经营性质等实际情况，将现有的风险安全措施与风险安全基线规定进行比较，找出差距，得出企业的风险安全线，这就是基线评估。然后通过使用标准的风险安全措施来规避和控制风险。

优点：评估时需要的资源较少，实施周期较短且易于操作。

缺点：风险安全基线的确定比较困难，基线如果过高，可能导致企业资源浪费或限制过度；如果过低，则很难保证企业风险在安全水平。另外，在风险安全的管理方面，基线评估也比较困难。

适用范围：被评估对象所处环境在前后期是相似的，且风险安全需求也相当。

◆　详细评估。

详细评估就是指对被评估对象进行详细的风险识别和评价，对可能引发风险的威胁和弱点都要进行评估，然后根据评估结果识别和选择防范措施。这种方式通过是否将被评估对象的风险降到可接受水平来证明管理者采取的防范措施是否恰当。

优点：企业可通过该评估方式准确认识信息安全风险，准确判定风险的安全水平以及企业对风险安全的需求。

缺点：评估的过程会消耗非常多的资源，包括时间、精力和技术。

适用范围：所处商务环境比较简单的被评估对象。

◆ 组合评估。

组合评估就是基线评估与详细评估的结合，这种评估方式既节省评估所需的资源，又能确保评估效果，得到一个全面、系统的评估结果，使评估工作中的投入在最能发挥作用的地方充分发挥作用，有效规避了基线评估与详细评估的缺点，同时保留了这两种评估方式的优点。

当然，组合评估也有缺点，如果初步的高级风险评估不够准确，某些本来需要详细评估的系统也许会被忽略，最终导致结果失准。

风险评估标准与测评方法

企业在进行风险评估时，可以根据自身风险管理要求，在众多评估方法中进行选择，以保证顺利找出企业内部面临的财务风险及其影响，同时明确当前风险安全水平与企业对风险安全的需求之间的差距。下面主要介绍基于知识的分析、定性分析和定量分析这三种方法。

1. 基于知识的分析方法

如果企业选用基线评估方式，则在进行风险评估时可采用基于知识的分析方法，它也称为经验法。在该方法下，企业需要重视来自类似企业的"最佳惯例"的运用，通过多种途径采集有关信息，识别风险所在和企业当前的风险防范措施，再与"最佳惯例"或特定标准进行对比，从中找出差距，然后选择恰当的风险防范措施来控制和降低风险。

优点：企业不需要付出过多的精力、时间和资源。

基于知识的分析方法，最重要的是评估信息的采集，一般信息源包括会议讨论、对当前的信息安全策略和相关文档进行的复查结果、问卷调查结果以及对相关人员和环境进行访谈和实地考察。

2. 定性分析

定性分析方法是目前采用最广泛的一种风险评估方法，其主观性很强，主要是凭借分析者的经验和直觉或者行业内的惯例与特定标准等，对风险管理中的弱点被利用容易程度和控制措施的效力等因素定性评级，一般分为三等级，即"高""中""低"。

定性分析的操作方法比较多，如小组讨论分析、检查列表分析、问卷调查分析和人员访谈分析等。定性分析的操作比较简单，但也会因为分析者的经验和直觉的偏差而使定性分析的结果失准。与定量分析相比，定性分析具有如下特点：

◆ 准确性稍好但精确性不够。

◆ 没有定量分析那么多的计算负担，但求分析者具备一定的经验和能力。

◆ 不需要依赖大量的统计数据。

◆ 分析比较主观。

◆ 分析结果比较笼统，很难有统一的解释。

企业可根据自身的具体情况来选择定性或定量的分析方法。

3. 定量分析

对可能引发风险的各要素和潜在损失水平等赋予数值或货币金额，在评估引发风险的所有要素时，就能因为被赋值而对评估过程和结果进行量化，这样的分析方法就是定量分析。简单来说，定量分析就是从数字上对安全风险进行分析评估的一种方法。

虽然定量分析能对企业面临的风险进行准确的分级，但该分析方法的运用必须符合一个前提，即可供参考的数据指标是准确的。然而实务中，定量分析依据的数据，大多数都是无法保证其可靠性的，再加上选取的数据往往缺乏长期性，就会使计算失真，过程中很容易出错，给风险分析带来阻碍。所以实务中单纯运用定量分析的方法分析企业风险的情况非常少。

财务风险预警模型

财务预警模型是指借助企业财务指标和非财务指标体系，识别企业财务风险的判别模型。

1. 财务预警模型的类型

常见的财务预警模型有一元判定模型、多元判定模型、多元逻辑回归模型、多元概率比回归模型、人工网络模型和联合预测模型。本节主要了解一元判定模型和多元判定模型这两个基础模型，见表4-13。

表4-13　财务预警模型的两个基础模型

模　　型	说　　明
一元判定模型	是指以某一项财务指标作为判别标准来判断企业是否处于破产状态的预测模型 优点：使用方法简单，使用方便 缺点：①由于只重视一个指针的分离能力，如果经理人员知道这个指针，就有可能去粉饰这个指针，致使企业表现出虚假的良好财务状况；②如果为了规避一个指针的缺点而使用多个指针进行判断，又会因为这些指针之间存在矛盾或产生新的矛盾而无法做出正确的判断

续表

模　　型	说　　明
多元判定模型	是以多变量的统计方法为基础，以破产公司为样本，通过大量的实验，对公司的运行状况、破产与否等进行分析、判别的系统。该模型经过了大量的实证考察和分析研究，然后从上市公司的财务报告中计算出一组能反映公司财务危机程度的财务比率。根据该比率对财务危机警示作用的大小给予不同的权重，最后进行加权计算得到一个公司的综合风险分，将其与临界值对比，判断公司财务危机的严重程度 优点：判定结果比较准确、合理 缺点：工作量大，且计算较复杂

2. 建立财务预警模型的步骤

第一步，选择合适的分析模式。 通过选择合适的分析模式，可以分析判断被研究对象适合单变量模型还是多变量模型。如果分析人员对企业的财务运行状况有深刻的了解，且具有丰富的实践经验，能清楚掌握财务指标的变化规律，可以用一个指标组合来衡量企业的重要变化，或者企业财务体系较简单，就可以选用单变量模型进行分析。反之，企业财务体系比较复杂，很难用一个指标组合来衡量企业的重要变化，则应考虑使用多变量模型。

第二步，确定合适的分析样本。 要想通过具体的模型来达到判定效果，就需要保证模型中的判别值均相对集中在两个或几个区间，因此就需要对分析样本进行筛选和划分，将样本分成几个明显的类别。其中一个关键点就是区分财务失败样本和财务正常样本。

第三步，设计和进一步筛选出恰当的财务指标或财务指标组合。 设计和进一步筛选财务指标是保证分析判定结果尽可能精准的条件。为了筛选出恰当的财务指标或财务指标组合，在设计筛选过程中就必须遵循四个原则，一是财务指标要体现企业的偿债能力，因为它与财务失败最密切相关；二是要反映企业的经营效益，因为企业陷入财务失败的最根本原因还是经营业绩差；三是财务指标的运用要有可操作性，只有具备可操作性，财务指标才能得到充分利用；四是非共线性原则，选取的财务指标在符合非线性原则的前提下，可尽可能地综合、全面地反映企业的财务状况，规避线性关系带来的"习惯性忽略"，从而造成分析不全面，所以选取时要在相关性较强的指标中做出取舍。

第四步，运用分析软件计算模型参数。SPSS 系统是常用的统计分析系统，在 Excel 软件中编制样本数据表后，将其导入统计分析系统，或者将计算结果直接录入 SPSS 系统的表格中。在 SPSS 系统中建立了完整的数据表后进行分析计算。这个过程中统计分析系统主要进行两部分工作，一是对所有指标进行筛选；二是对选入的指标进行回归分析，计算参数值。

第五步，结果检验。利用模型对企业面临的风险分析出结果后，还需要对结果进行检验，主要是准确性检验和预测性检验。准确性检验主要针对回归分析模型，要将所有同类企业或随机抽取的部分企业的财务数据进行整理，然后代入相应的预警模型，检验判定结果，算出准确率。准确率高说明选用的财务预警模型越能准确判定企业的财务状况是否良好，是否陷入财务危机，起到预警作用。预测性检验则是确定预警模型能够提前多久预测出企业财务危机的发生，该检验在实施时需要将企业近几年的财务数据代入预警模型，然后得到每年的准确率，判断最佳的预测年限，以提高预警准确度。

第 5 章

内部控制与风险管理

在企业经营的过程中，方方面面的工作都可能存在财务风险，所以仅仅关注会计实务、财务报表、财务分析和财务管理等方面还远远不够。因此就需要有一项内部控制制度来帮助企业对除财务以外的其他方面也进行全方位的风险管理，如采购、存货、现金、销售、应收、筹资以及投资项目等，这样才能更全面地控制和防范企业的财务风险。

内部控制与风险管理的异同

要想更准确地区分企业内部控制与风险管理，首先需要分别了解它们各自的概念和内容，再对比分析它们之间存在的异同。

1. 内部控制

内部控制指一个单位在一定的环境下，为了提高其经营效率、充分利用各种资源，达到既定管理目标并实现经营目标，保护资产的安全与完整、会计信息和资料的正确与可靠，而在单位内部采取的自我调整、约束、规划、评价和控制的一系列方法、手段与措施的总称。

在企业管理工作中，常常会出现如下一些疑问和情形，使得企业管理者觉得有必要建立内部控制制度。

总是开会讨论如何降低企业的财务风险，但风险没有明显降低，为什么？

公司制定的制度以及工作流程规范越来越多，是不是真的对降低风险有用？

若每次审批总是进入例外管理程序，那么花费时间讨论正常流程有什么用？

销售人员总是抱怨公司的差旅费或业务招待费审得太严了，拉了业务后腿。

公司管理层天天说风险，员工却对风险没有深刻认识。

制度整合了，流程也更新了，但执行时反而感觉比以前更麻烦，为什么？

上述疑问和情形的出现，基本上都是因为企业没有建立内部控制制度，或者建立的内部控制制度没有发挥其真正的作用。由此可见，内控是必需的。

按照内部控制的作用范围不同，可将内部控制划分为内部会计控制和内部管理控制。

◆　内部会计控制

内部会计控制的作用范围直接涉及会计事项各方面业务，主要指财会部门为了防止侵吞公共财物和其他违法行为的发生，以及保护企业财产的安全所指定的各种会计处理程序和控制措施。

比如，由无权监管现金和签发支票的会计人员编制每月的银行存款调节表，这就是一种内部会计控制。通过这种控制，可防止出纳人员舞弊，也就可以提高现金交易的可靠性和会计记录与会计报表数据的可靠性。

◆　内部管理控制

内部管理控制的作用范围涉及企业生产、技术、经营和管理的各部门、各层次以及各环节之间的管理控制工作，其实施目的是提高企业的管理水平，确保企业经营目标和有关方针、政策的贯彻执行。

比如，企业内部的人事管理、技术管理以及行政管理等，就属于内部管理控制。

2. 风险管理

简单理解，风险管理就是企业用来降低风险的消极结果的决策过程。即在项目或企业存在一定风险时，如何把风险可能造成的不良影响降至最低的管理过程。它包括对风险的量度、评估和应变策略，因此风险管理也是确定收益权衡方案、决定采取行动计划的过程，主要包括三大版块，见表 5-1。

表 5-1　风险管理的组成部分

版　块	内　容
识别风险	即确定哪种风险可能会对企业产生影响，进而量化造成影响的不确定性程度和每个风险可能造成损失的程度
风险控制	即企业采用积极的措施来控制风险，降低损失发生的概率，缩小损失的程度，以此达到控制风险的目的。在进行风险控制时，最有效的方法是制定切实可行的应急方案，同时编制多个备用方案，最大限度地对企业所要面临的风险做好充分的准备，当风险发生后，就可按预先制定的方案应对

续表

版　块	内　　容
规避风险	即企业在既定目标不变的情况下，改变各种工作方案的实施路径，以便从根本上消除特定的风险因素，从而规避风险

由表5-1可知，风险控制属于风险管理中的一部分。

风险管理主要分为两类：经营管理型风险管理和保险型风险管理，内容如下。

经营管理型风险管理。经营管理型风险管理主要研究政治、经济和社会变革等所有企业面临的风险的管理。

保险型风险管理。保险型风险管理主要以可保风险作为风险管理对象，将保险管理放在核心位置，将安全管理作为补充手段而进行的风险管理。

3. 内部控制与风险管理的异同

实务中，内部控制与风险管理是"你中有我，我中有你"的关系。企业内部全面的风险管理涵盖了内部控制，因为全面风险管理除了包括内部控制的三个目标（报告目标、经营目标和合规目标）外，还增加了战略目标。而内部控制是全面风险管理的必要环节，内部控制的动力来源于企业对风险的识别和管理。

同时，内部控制中也包含风险管理，风险管理是内部控制中的一环，是内部控制的主要内容。

虽然两者之间存在"不离不弃"的关系，但两者之间也的确有差异，内容见表5-2。

表5-2　内部控制与风险管理的差异

差异项	内部控制	风险管理
目标不同	合理保证企业经营管理合法合规、资产安全、财务报告和相关信息真实完整，提高经营效率和效果，促进企业实现发展战略	以最小的成本获取最大的安全保障，包括经济目标、安全状况目标、生存目标、保持企业生产经营连续性目标以及收益稳定目标等

差异项	内部控制	风险管理
范围不同	仅是管理的一项职能，主要通过事后和过程的控制来实现内部控制目标	全面风险管理贯穿整个管理过程，控制的手段不仅体现在事中和事后，更重要的是在事前制定目标时就充分考虑风险的存在
活动不同	负责风险管理过程中间及以后的重要活动，如对风险的评估和由此实施的控制活动、信息与交流活动、监督评审与缺陷的纠正等工作	全面风险管理的一系列具体的活动并不都是内部控制要做的，即全面风险管理的活动比内部控制多
对风险的定义不同	内部控制没有对风险和机会进行区分，一切对企业经营管理产生影响的事件发生的可能性，都归为风险，并进行风险管理	全面风险管理明确地将风险定义为对企业的目标产生负面影响的事件发生的可能性，而将产生正面影响的事件作为机会，即风险与机会是分开的
对风险的对策不同	内部控制对风险的对策主要是细分到具体的工作中，比如账实盘点控制、库存限额控制、实物隔离控制和应收应付票据的控制等，主要是保障货币资金安全、完整、合法	全面风险管理框架引入了风险偏好、风险容忍度、风险对策和压力测试等因素，在实现风险度量的基础上有助于企业的发展战略与风险偏好相一致

如何按框架建立内控体系

企业要想自己建立的内控体系切实起到内控作用，就必须严格按照内控体系的框架建立体系。因此，在了解如何按框架建立内控体系前，需先了解内控体系的框架结构。

内控体系的基本框架主要包括框架基础、控制环境、风险管理、控制活动、信息与沟通、监督六部分。每部分中包含了各自的结构内容，具体见表 5-3。

表 5-3　内控体系的框架结构

框　架	结构内容
框架基础	规范说明和牢记公司愿景、公司使命、公司战略、经营理念、企业文化、核心价值观、公司与行政管理机关的关系、公司与投资方的关系以及公司与员工之间的关系等情况
控制环境	明确公司的控制环境，如公司治理架构、管理理念、经营风格、组织结构、诚信与道德价值观、权责分配体系、人力资源政策及实施
风险管理	建立风险管理体系，包括确定风险管理的内容、目的，明确风险管理的信息如何采集，进行风险评估，制定风险管理策略和风险应对措施，进行风险管理的监督和改进等
控制活动	组织实施控制活动，包括明确实施控制活动的基本要求、建立预算管理和经营活动分析评价制度、规定期末财务报告流程以及建立控制活动体系等
信息与沟通	明确内控工作需要哪些信息、如何进行沟通以及信息如何正确披露等
监督	对内控工作进行必要的监督，如规定持续监督、独立评估、编制缺陷报告以及要求进行内部审计与监督

表 5-3 所示的内控体系框架内容，实际上也是企业内部控制的要素。作为要素，它们在内部控制工作中分别扮演怎样的角色，又有什么作用呢？

◆ **内部环境：** 内部环境是企业实施内部控制的基础。

◆ **风险评估：** 风险评估是企业及时识别并系统分析经营活动中与实现内部控制目标相关的风险、合理确定风险应对策略要做的事情。

◆ **控制活动：** 控制活动是企业根据风险评估结果，采用相应的控制措施将风险控制在可承受范围内所做的事情的总称。

◆ **信息与沟通：** 信息与沟通是企业及时、准确地收集、传递与内部控制相关的信息，确保信息在企业内部或企业与外部之间进行有效沟通所要做的事情。

◆ **内部监督：** 内部监督是企业对内部控制的建立与实施情况进行监督检查的工作，评价内部控制的有效性，发现内部控制的缺陷，并及时加以改进。

那么，企业如何按照框架建立内控体系呢？其实内控体系就是内控制度，按照框架建立内控制度主要包括五个方面的工作。

1. 健全公司制度

为了给企业实施内部控制营造一个良好的环境，企业必须健全公司制度，因为内部控制工作的实施很大程度上取决于规章制度的监管。

健全的公司制度可以明确各项权利和职责，并对违规行为进行严惩。这样就可以为内部控制的实施树立标准，使内部控制有法可依、有据可循。而且，在不断经营和发展过程中，企业要不断完善各项规章制度，加快各项管理的有效实施，使内控环境与内部控制的目标和需求一致。

2. 组织机构控制

实施内部控制时，组织机构的控制包括组织机构的设置、分工的科学性、部门岗位责任制和人员素质的控制。

做好内部控制，就是要求企业管理者在设置内部组织机构时，既要考虑工作的需要，也要兼顾内部控制的需要，使机构设置既精练又合理。换句话说，内部控制就是要求管理者对企业内部组织结构和职责分工要有明确的整体规划。

3. 预算控制

预算控制是企业内部控制的重要组成部分，其内容囊括了企业经营活动的全过程，包括筹资、采购、生产、销售和投资等各方面的预算工作。

进行预算控制相当于内部控制的事前防范，从源头出发，编制预算，使企业在预算目标和标准下开展经营活动，防止执行过程中出现较大的偏差而给企业带来不确定性风险。

而且预算还能在经营过程中根据实际经营情况进行灵活的调整和修正，使编制的预算更贴合企业发展的实际情况，真正发挥预算的作用。这一操作其实就是内部控制的具体表现。

4. 风险防范控制

在复杂多变的市场经济中，企业不可避免地要遇到各种风险。为了使企业不受风险影响，或者受风险影响的程度尽可能小，就必须提前防范、规避风险。

如何防范、规避呢？这就需要企业管理者建立风险评估机制，识别风险、风险控制、规避风险、进行风险评估和监督，了解企业可以承受的风险程度，做好风险防控工作。这也是内部控制中的重要一环。

5. 财产保全控制

内部控制下的财产保全控制指企业的各种财产物资只有经过授权，才能被接触或处理，从而保证资产的安全。具体内容包括三点，见表5-4。

表5-4 财产保全控制的内容

内　　容	说　　明
限制接近资产	只有经过企业管理者授权批准的人员才能接触现金、其他易变现资产和存货资产等
定期盘点实物	企业管理者建立对资产定期盘点制度，对盘点中出现的差异应进行调查，要求盘亏的资产要进行原因分析和责任查明
投保财产保险	企业管理者通过对资产投保，增加实物资产受损后的补偿机会，从而保护实物的安全

上述五个方面的控制工作构成了企业内部控制体系，要想做好内部控制工作，就必须做好这五个方面的工作。

另外，内部控制体系的建立还必须遵循以下五个原则：

全面性原则。内部控制应贯穿决策、执行和监督的全过程，应作用于企业及其所属单位的各种业务和经济事项。

重要性原则。内部控制应在全面控制的基础上重点关注重要的业务事项和高风险领域的工作内容。

制衡性原则。内部控制应使结构治理、机构设置、权责分配和业务流程规范等方面形成相互制约、相互监督的状态，同时使企业能够兼顾运营效率。

适应性原则。内部控制应与企业的经营规模、业务范围、竞争状况和风险水平等相适应，并能随情况的变化及时做出调整。

成本效益原则。内部控制应权衡其实施的成本与预期获得的效益，力求以适当的控制成本实现有效的控制。

内部控制的主要控制活动有哪些

内部控制的主要控制活动有很多，包括但不限于不相容职务分离控制、授权审批控制、会计系统控制、业务控制、财产保护控制、预算控制、运营分析控制、绩效考评控制、合同控制和投融资风险控制等。

1. 不相容职务分离控制

不相容职务分离控制是指如果由一个人担任，可能发生错误和舞弊行为，甚至掩盖其错误和舞弊行为的职务必须分离的控制工作。

不相容职务分离控制是在界定职权范围的基础上，通过将不相容岗位进行分离，即分工，对企业内部各系统的运作予以制约和监督。但职权范围的界定需要通过建立合理的组织机构、制定明确的岗位责任制和严谨的工作人员守则来完成，所以该控制活动与前述提及的组织机构控制密切相关。比较典型的一些控制活动如下：

◆ 有权决定或审批材料采购的人员不能同时兼任采购员职务。

◆ 填制原始凭证的人员不能兼任审核人员。

◆ 销货人员不能同时兼任会计工作。

◆ 财会部门的出纳员、保管员等不能兼任会计记账工作。

◆ 保管财产物资和使用财产物资的岗位要分离。

◆ 会计不能兼任审计。

◆ 会计主管不能兼任财务总监等。

实施不相容职务分离控制可以帮助企业防范财务舞弊风险。

2. 授权审批控制

授权审批控制是在职务分工控制的基础上，由企业权力机构或上级管理者明确规定和限制有关业务经办人员的职责范围和业务处理权限与责任，使所有业务经办人员在办理每项经济业务时都能事先得到适当的授权，并在授权范围内办理有关经济业务、承担相应经济责任和法律责任的控制工作。

授权审批控制活动在开展时需区分授权的种类，一般包括常规授权和特别授权。另外还要区分授权的形式，如口头和书面，口头授权形式一般适用于临时性或责任较轻的任务；书面授权形式一般适用于比较正式或长期的任务。

开展授权审批控制活动就是按照合适的授权种类和授权方式进行授权，对于符合授权规定的事项予以执行和办理，对于不符合授权规定的授权予以否决和拒绝承认，涉及的相关经济业务和事项等也都无效。

3. 会计系统控制

会计系统控制是指通过会计的核算与监督系统进行的控制，主要包括会计凭证控制、复式记账控制、会计账簿控制、会计报表控制和财务成果控制等。企业应按照《会计法》和国家统一的会计控制规范，对会计主体发生的各项经济业务进行严格的记录、归集、分类、整理和编报，遵守会计业务的处理流程，充分发挥会计系统控制的作用。具体来说，会计系统控制的工作内容有如下四点：

- ◆ 建立健全内部会计管理规范和监督制度，明确权责、相互制约。
- ◆ 统一企业内部的会计政策。
- ◆ 统一企业内部使用的会计科目。
- ◆ 规范会计凭证、账簿和财务报告的处理程序与方法。

4. 业务控制

这里的业务控制主要指对采购业务和销售业务的控制，因此伴随而来的还有对应付账款和应收账款的控制。

业务控制主要是从企业的经营成本和经营收入这两个方面来实施控制，避免企业过度开支、浪费资源，也促使企业提高经营业绩，增加收入，提高盈利水平。由此可见，这一控制活动与企业的经营成果直接相关，在内部控制中不能忽视。

5. 财产保护控制

财产保护控制活动包括了存货管理、现金管理、固定资产管理和其他资产的管理。

6. 预算控制

预算控制是指企业根据预算规定的收入和支出标准，检查和监督各部门的生产经营活动的控制活动。预算控制涉及了企业经营的各个方面，包括收入预算控制、支出预算控制、现金预算控制、资金支出预算控制和生产负债预算控制等。

可以看出，预算控制包括了业务控制和财产保护控制。要想做好业务控制和财产保护控制，就必须实施预算控制，开展预算控制活动。

预算控制要求企业实施全面的预算管理制度，明确各责任单位在预算管理工作中的职责和权限，同时规范预算的编制、审定、下达和执行等程序，强化预算约束。需要注意，预算工作中可能存在一些使预算控制失效的因素：

①没有恰当地掌握预算控制的度，如预算编制过于琐碎、惩处规则过于严厉等，使得预算控制跟不上情况的变化，进而表现出控制滞后性。

②设立的预算标准没有很好地体现计划的要求，与企业的总目标之间缺乏更直接、更明确的联系，使得管理人员只考虑如何遵守预算和程序的要求，而忽视了应从企业总目标出发考虑如何做好自己的本职工作。概括地说，就是使预算目标取代了企业目标，目标发生了置换。

③预算的因循守旧倾向，即过去花费的某些费用成为当下预算同一笔费用的依据。比如行政管理部门曾经因为业务需要而支出过一笔费用来购买办公用品，那么这笔费用很多时候都会被该部门用来作为以后会计期间的预算基数，但实际上该部门在以后的会计期间很可能不会发生这笔费用，这样就会使预算控制受到影响，情况多或者严重时就可能会使预算控制失效。

因此，要避免预算控制失效，就得规避这些不利因素。

7.运营分析控制

运营分析控制要求企业建立运营情况分析制度，且管理层应综合运用生产、购销、投资、筹资和财务等方面的信息，通过一定的分析方法，定期对运营情况进行分析，发现运营管理中存在的问题，及时查明原因并加以改进。

通过运营分析控制，企业既要发现经营过程中存在的问题，还要查明问题出现的原因，最重要的是要解决问题。另外，运营分析控制可以使用的方法有比较分析法、比率分析法、趋势分析法、因素分析法和综合分析法等。

8.绩效考评控制

绩效考评控制指企业通过考核评价的形式规范企业各级管理者和员工的经济

目标和经济行为的控制活动。该项内部控制活动注重的是控制目标，而不是控制过程。

绩效考评控制要求企业建立和实施绩效考评制度，科学设置考核指标体系，对企业内部各责任单位和全体员工的业绩进行定期考核和评价，并将考评结果作为确定员工薪酬和职务晋升、降级、调岗和辞退等的依据。

绩效考评控制可根据考评对象划分种类，分为经营者绩效考评控制和员工绩效考评控制。两种考评控制的对比情况见表5-5。

表 5-5　绩效考评控制的类型对比

对比项	经营者绩效考评控制	员工绩效考评控制
内容	包括企业绩效考评控制和经营者个人绩效考评控制	各级管理者对其下属及员工的工作完成情况进行考评控制
考评主体	股东或股东大会和董事会	各级管理者
考评客体	经营者，一般指董事长和总经理或CEO	各级管理者的下属及员工

9. 合同控制

合同控制指企业通过梳理合同，对合同从签订、执行到终止的整个流程进行控制，分析关键风险点并采取有效措施，将合同风险控制在企业可接受范围内的控制活动。

合同控制要求企业建立分级授权管理制度，实行统一的归口管理，同时健全考核与责任追究制度。

实务中，合同控制活动包括三项：合同进度控制、合同质量控制和合同投资控制。不同性质的业务和不同类型的企业，其合同控制的内容是不同的。下面以生产性企业为例，分析其合同控制的活动内容。

【案例分析】——生产性企业的合同控制

生产性企业不仅需要与客户签订购销合同售出产品，还要与供应商签订采购合同，购入原材料以备生产使用。因此，内部控制必然会涉及合同控制活动。

①合同进度控制。

首先，要与客户或供应商在合同中约定交易的时间和相关事宜的时效，确定合同生效、执行和终止等环节的具体时间，如售出产品的发出时间、发出产品和采购材料的验收时间等。然后，在执行合同过程中要根据合同对时间进度的规定，控制合同的履行进度，防止交易拖沓和款项拖欠、延付。

②合同质量控制。

首先，在签订合同时明确约定交易对象的质量标准。然后在交易过程中对交易对象的质量进行严格的审查和把控，防止交易对象质量不达标，或者在运输途中遭受损毁。这里，对交易对象的质量控制，就是对合同质量的控制，只有保证交易对象的质量，才能保证合同质量。

③合同投资控制。

在合同中明确约定各种款项的金额、付款时间、付款方式和相关事宜的调整条件，比如在发生怎样的特殊情况时需要如何调整合同的金额或价款支付方式等。后期执行合同时则根据这些约定对合同投资进行控制，防止出现合同纠纷。

合同控制活动的开展，有助于企业防范法律风险，维护其合法权益；有助于降低企业营运风险，提高经营管理水平；有助于控制企业的财务风险，提升资金使用效率。

10. 投融资风险控制

投融资风险控制包括了投资风险控制和融资风险控制，顾名思义，就是对企业的投资活动和筹资活动中可能存在的风险进行控制，防止投融资风险给企业带来不必要的经济损失。

投融资风险控制活动主要包括投融资目标控制、投融资工作流程控制、投融资团队行为控制、企业诊断与投融资风险评估、建立投融资风险预警体系和设置投融资危机处理预案等。

风险管控之采购与应付账款管理

采购与应付账款管理属于内部控制中的业务控制活动，做好这一管理工作，对风险管控能起到积极作用，为什么呢？因为管理好采购与应付账款，能避免在这一环节产生风险，或者降低这一环节存在的风险程度，从而达到管控风险的目的。那么，具体要从哪些方面入手呢？

1. 对采购活动进行管控

要想实现风险管控，企业在采购环节就应当对采购流程、采购方式以及各方式的适用范围等做好把控。

◆ 明确采购方式

常见的采购形式有战略采购、日常采购和采购外包。战略采购是以最低总成本建立服务供给渠道的采购过程，与常规的注重"单一最低采购价格"的采购方式不同；日常采购是指采购人员根据确定的供应协议和条款，以及企业物料需求的时间计划，以采购订单的形式向供应商发出需求信息，并安排和跟踪整个物流过程，确保物料按时到达企业，以支持企业正常运营的过程；采购外包则是指企业将全部或部分采购业务活动外包给专业采购服务供应商，由其辅助企业管理人员进行采购总成本控制的采购方式。

◆ 根据采购方式的特点分析可能存在的风险

战略采购可以使企业与目标供应商的交易关系长期化、合作化，也可以减少存货不足影响生产进度的风险。但同时，这种采购方式会使企业的供应商数量减少，容易使企业采购人员在采购活动中无法比价，进而在不知不觉中以高价购入了物资，给企业造成不必要的经济损失，这是战略采购会给企业带来的风险。

日常采购的流程包括收集信息、询价、比价、议价、评估、索样、决定、请购、订购、协调与沟通、催交、进货检收和整理付款等环节，流程较复杂。如果不能对流程进行严格的把控，则在过程中出现变动，如向供应商索样后决定向其采购产品前，供应商声称无法给企业供货，或者是向供应商发出订购通知后供应商却说无法按时交货等，都会给企业的采购活动带来阻碍和影响，使企业面临无法顺利开展生产活动甚至出现无法按时向客户交货的违约风险。

采购外包则涉及多方的利益问题，即企业、专业采购服务供应商和终端供应商等利益关系。对企业来说，如果选择了不可靠的采购服务供应商，则可能会面临采购服务供应商与终端供应商串通调整价格的风险，或者是采购服务供应商同时隐瞒企业和供应商，并从中获取不当利益的风险。

◆ 采取措施应对风险

对于战略采购中可能遇到的风险，企业可以在战略采购的目标供应商的基础上适当地再发展一些稳定的供应商。也就是说，将战略采购中的目标供应商数量适当增多，从而方便企业在采取战略采购时对各目标供应商进行比价，然后从中选择最终的供应商。

对于日常采购可能遇到的风险，企业可以建立完善的采购管理制度，对采购流程以及流程中可能涉及的各方面问题进行明确和约束，给出行事标准和特殊情况的处理方案等，以防采购活动出现变动而给企业带来不利影响。

对于采购外包可能遇到的风险，企业需要加强对采购服务供应商的筛选条件，严格选择中间供应商，同时对所需要采购的物资的市场价格做好调研工作，以防采购服务供应商随意出价，给企业带来不必要的经济负担。

除此以外，采购活动中还可能出现采购预测不准导致物料难以满足生产要求或超出预算、供应商群体产能下降导致供应不及时或货物不符合订单要求等风险。防范和降低这些风险的主要手段见表5-6。

表 5-6　采购风险的防范与降低措施

手　　法	具体措施
防范风险	①做好年度采购预算和策略规划，在时间上预留出合适的空间 ②慎重选择供应商，重视供应商的筛选，做好供应商的资信调查工作 ③严格审查订货合同，尽量完善合同条款 ④拓宽信息渠道，保持信息流畅，做好市场信息调研和行情分析 ⑤完善风险控制体系，加强采购过程的跟踪和控制，及时发现问题并采取措施处理
降低风险	①详细调查供应商的品牌、信誉、规模、销售业绩和研发等情况，必要时可组建供应商评选小组对供应商的质量水平、交货能力、价格水平、技术能力和服务等进行评选 ②对所需采购的产品质量、产量、用户情况、价格、付款期和后期服务等展开逐一测试或交流工作 ③对供应商的产品进行小批量的生产、交期方面的论证 ④根据合作情况，逐步加大采购力度，增加采购数量 ⑤对供应商进行年度评价，邀请合作很好的供应商交流下一会计年度的工作计划等

2. 对应付账款的管控

应付账款一般是企业因购买材料、商品或接受劳务供应等发生的债务，是买卖双方在购销活动中由于取得物资与支付货款在时间上不一致而产生的负债。如果企业对应付账款的管理不到位，则可能导致企业面临信用风险，从而影响企业的正常经营。

虽然应付账款可以暂时利用其他企业的资金获取物资，在某种意义上来讲可以解决企业资金紧张的问题，但这一款项最终还是要支付给供应商。如果因为各种原因没有及时偿还应付账款，则会降低企业的信誉，影响其长远发展，甚至如果有债权人（即供应商）向法院提起诉讼，很可能会引发企业的财务危机，严重损害企业的经营形象，从而影响企业的后期销售活动。

那么，要如何从应付账款的角度防范风险呢？可以从如下三个方面完善制度、规范行为和积极采取措施：

◆ 加强会计成本核算

企业要提高会计成本核算人员的职业素养，对应付账款进行严格清晰的记录和合理的规划，保障应付账款不会集中爆发。

◆ 严格规范应付账款的挂账和库存管理

企业对应付账款的挂账全过程应进行严格的管理，对不符合物资采购规定的坚决不挂账。同时，还要对不符合挂账规范的情况采取对应的解决措施：

①没有入库凭据，或没有入库检验合格标志的，不允许挂应付账款。

②运费发票与物资采购发票不匹配的，不允许挂应付账款。

③增值税发票不合格的，不允许挂应付账款。

④价格、运输方式或包装物与合同不符的，不允许挂应付账款。

⑤采购的货物质量不合格的，不允许挂应付账款。

⑥企业采购货物入库后，采购人员需凭借入库点验单、物资检验合格证和发票到企业财务部门报销，形成应付账款。

⑦合理管理库存，进而将应付账款控制在一个合理的、稳定的水平。

◆ 定期对应付账款进行严格审计

为了防止应付账款出现各种不合规范的情况，企业应对其发生和支付的全过程进行详细审查。比如，对物资采购价格进行审计，看增值税发票上注明的物资价格、包装费、保险费和运杂费等是否与合同中注明的各项金额一致，若不一致，应对货款进行拒付，也就不能确认应付账款。

风险管控之存货管理

存货是指企业在日常活动中持有以备出售的产成品或商品、处在生产过程中的在产品，以及在生产过程或提供劳务过程中所需耗用的材料和物料等。它是企业的资产，属于流动资产范畴。

企业的存货管理一般分为存货的信息管理、存货管理的决策分析和存货的控制三个方面，见表 5-7。

表 5-7　存货管理的内容

内　　容	说　　明
存货的信息管理	包括存货数量控制和库存量规划，如货物的分级分类、经济订货批量和订货时点的确定以及库存跟踪和库存盘点作业等
存货管理的决策分析	包括存货与否决策、存货数量决策和存货期限决策等几个方面。存货与否决策涉及零库存问题，存货数量决策涉及存货的批量，存货期限决策涉及商品保本期和商品保利期的问题
存货的控制	是对制造业或服务业生产、经营全过程的各种物品、产成品及其他资源进行管理和控制，使其储备量保持在经济合理的水平

存货管理如果做不好，很容易引发存货管理风险，主要是企业因缺乏存货管理意识和管理机制而导致的存货周转缓慢、存货损失大等现象发生的可能性。要想规避这些风险，先要从了解存货管理中经常出现的问题开始。

◆ 存货的收入、发出和结存等缺乏真实的记录。

◆ 存货数量过多，占用大量的流动资金，给企业流动资金的周转带来困难。其中比较常见的就是非正常存货储备量挤占了正常存货储备量。

◆ 毁损待报废和超储积压存货储备在发生时只做了上报工作，没有请领导批示，也就没有进行具体的处理，导致这两类存货越积越多。

防止这些问题给企业带来存货管理风险，就需要采取相应的措施。

1. 保持一定量的存货

这一措施涉及企业的存货信息管理和存货管理的决策分析，比较常用的是确定经济订货批量。通过平衡采购进货成本和保管仓储成本，实现总库存成本最低的最佳订货量。计算公式如下：

经济订货批量 $(Q) = \sqrt{2XD \div C}$

其中，X 表示企业全面的存货需求量，D 表示每批订货成本，C 表示每批存货的储存成本。图 5-1 为常见的经济订货批量模型图。

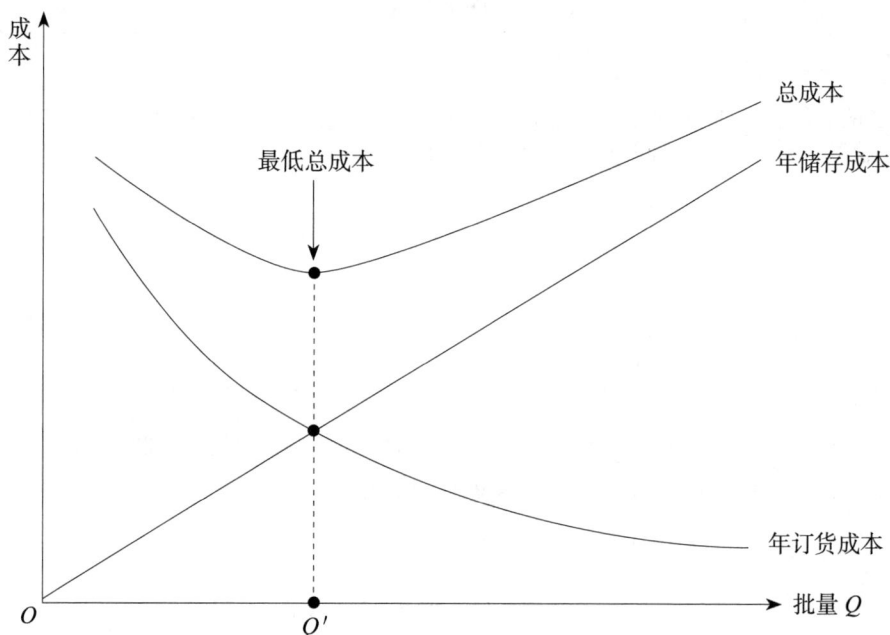

图 5-1 经济订货批量模型图

图 5-1 中的 Q' 点即为企业的经济订货批量。在该批量处，企业的存货总成本最低。

【案例分析】——计算企业 2×24 年的经济订货批量

甲公司因生产需要，在编制预算时预计 2×24 年需要 A 材料 30 吨，每批存货的储存成本为 1 000.00 元，每批订货成本 4 000.00 元。计算 2×20 年该公司的经济订货批量。

经济订货批量 = $\sqrt{2 \times 30 \times 4\,000.00 \div 1\,000.00}$ =15.49（吨）

所以，甲公司 2×24 年的经济订货批量为 15.49 吨。

通过确定企业的经济订货批量，可有效防止企业因存货积压而增加存货管理成本，或者是防止存货不足而影响生产或销售活动。

除此以外，企业还需做好入库管理、出库管理、库存移动管理、费用结算管理和统计分析管理，这些存货信息管理和存货决策分析不仅可以降低企业的进货成本和储存成本，还可有效防止企业停工待料的发生，使企业更容易适应市场的变化，维持生产的均衡。

2. 切实做好存货的会计核算

存货的会计核算是整个企业会计核算工作中的重点之一，如果没有做好，存货的账目就很可能存在问题，不仅影响账簿登记的正确性，还影响财务报表的数据可靠性。一旦被税务机关误认为存在财务舞弊行为，就可能面临处罚甚至税务风险。因此，防范财务风险可以从做好存货的会计核算工作入手。

做好存货的会计核算，需要注意的点比较多，如存货的确认、存货入账价值的确定、存货发出的计价方法以及存货跌价准备的计提。

◆　存货的确认与风险管控

对企业来说，并不是所有的"存货"都能确认为企业的存货进行管理，如果没有做好存货的确认，将不能作为企业存货的"存货"入了账，或者能作为企业存货入账的"存货"没有入账，都会使企业的存货数据出错，进而发生财务风险。要防范风险，就必须了解存货的确认条件，主要有以下两方面：

①与存货有关的经济利益很可能流入企业。

②与该存货有关的成本能够可靠地计量。

那么，哪些存货可入账成为企业的存货，哪些又不能入账成为企业的存货呢？具体内容见表 5-8。

表 5-8　存货的确认

项　目	内　容
可确认为企业存货的存货	①已确认为购进但尚未到达入库的在途存货 ②已入库但尚未收到有关结算单据的存货 ③已发出但所有权还没有转移的存货 ④委托其他单位代销或代加工的存货
不可确认为企业存货的存货	①按照销售合同或协议的规定已经确认销售但尚未发运给购货方的存货 ②约定未来购入的存货

◆　存货入账价值的确定与风险管控

企业购入的存货，其成本包括买价、运杂费（如运输费、装卸费、保险费、包装费和仓储费）、运输途中的合理损耗、入库前的挑选整理费以及按规定应计入成本的税费和其他费用；企业自制的存货，其成本包括直接材料、直接人工和制造费用等各项实际支出；委托外单位加工完成的存货，其成本包括实际耗用的原材料或半成品、加工费、装卸费、保险费和委托加工的往返运输费等；接受投资者投入的存货，其入账价值应按照投资合同或协议约定的价值确定（投资合同或协议约定的价值不公允的除外）。

只有将存货的入账价值确定清楚，才能保证存货在以后的会计核算中不出错，或至少原始入账成本不出错，进而保证财务数据的真实性、正确性和可靠性，为正确登记会计账簿和编制会计报表奠定基础，避免企业陷入账目混乱而被税务机关查处的财务风险中。

◆　存货发出的计价方法与风险管控

存货发出的计价方法关系着企业的销售成本和存货结余情况的确认，如果销售成本和存货结余情况没有核算正确，则会影响企业当期利润的计算，从而影响企业所得税的核算。一旦企业所得税核算不准确，导致企业少缴或漏缴税款，就会使企业受到税务机关的处罚，使企业承担不必要的经济损失的风险。

所以，确定存货发出的计价方法非常重要，企业可在先进先出法、加权平均法、移动平均法以及个别计价法等方法中任意选择适合企业实际情况的一种来用。但要注意的是，存货发出计价方法一经确认，不得随意变更。随意变更存货发出计价方法也可能使账目混乱，导致企业陷入财务风险。

◆　存货跌价准备的计提与风险管控

存货跌价准备是由于存货的可变现净值低于原成本而对降低部分所做的一种稳健处理。由此可见，存货跌价准备的计提就是风险管控的具体措施之一，企业为了防止存货因跌价而给自身带来风险，所以提前将这一可能发生的损失做了准备工作，从账面上就能反映出企业应对存货风险的具体手法，当存货真的跌价时，直接从计提的存货跌价准备中扣除，不至于影响企业最初对存货情况的记录和后期存货变化情况的判断。

这一举措是典型的预估风险并做出应对措施，使得风险来临时可做出及时的反应并采取行动来应对风险。

风险管控之现金管理

广义上的现金包括现金和现金等价物（如三个月内到期的国库券），但狭义上的现金指企业内部的库存现金。由于现金的流动性极强，所以管理起来并不容易。如果出现现金丢失、被盗或者使用不合规的情况，企业则会面临不必要的经济损失，这就是财务风险的表现。

从现金管理的角度进行风险管控，主要从以下三个方面入手解决：

1. 明确现金的使用范围和保管要求

严格意义上来说，企业在开展经济活动时，并不是所有的业务都能直接用现金办理。要防止现金丢失、被盗或使用不合规，就必须明确其使用范围和保管要求。

可以使用现金办理业务的情形主要有如下八种：

①支付职工个人的工资、奖金、津贴。

②支付职工的抚恤金、丧葬补助费和各种劳保、福利，以及国家规定对个人的其他支出。

③支付个人劳务报酬。

④根据国家规定发给个人的科学技术、文化艺术和体育等方面的各种奖金。

⑤支付向个人收购农副产品和其他物资的价款。

⑥出差人员必须随身携带的差旅费。

⑦结算起点（1 000元）以下的零星支出。

⑧经中国人民银行确定需要支付现金的其他支出。

企业内部的库存现金应由指定的出纳人员专门负责保管，且每日终了都需要将库存现金实有数与库存现金的账面余额进行核对，保证日清月结、账实相符。所有的现金以及有价证券等，都要保存在企业的保险箱中，且保险箱的钥匙或密码应由专门的出纳人员保管，不得随意转由他人保管。如果因为岗位变动而需要进行保险箱和现金账务交接，则需要按照相应的现金管理规定进行操作。交接双方必须如实填写交接单，签字并盖章，以示负责。

这样，现金不容易被盗，也不容易丢失，企业面临现金短缺风险的可能性就会更小。除此之外，企业还需定期组织相关人员对企业内部的库存现金进行清查盘点，以便及时发现现金管理工作中存在的问题，从而防范现金管理风险。

2. 严格遵守现金库存限额的规定

库存现金限额指实行现金管理的单位根据自身日常零星现金开支需要，由银行核定的现金库存额度。现金限额由单位提出申请，银行本着既有利于资金集中，又能满足企业日常零星开支需要的原则进行审核。

一般来说，企业库存现金限额按照其 3 ～ 5 天的日常零星开支所需现金来核定。如果企业经营地离银行较远，或者交通不便，则库存现金限额可多于 5 天，但最高也不能超过 15 天的日常零星开支所需现金。

如果企业当天的库存现金超过了限额，则出纳人员需将超出部分的现金及时送存银行。库存现金限额通常每年会调整一次，如果企业因业务发展变化较快而需要临时调整的，可向银行提出申请，审核通过后予以确定。

这样就可以保证企业既有一定量的现金用于日常开支，也能防止企业储存过多的现金而发生遗失或被盗，还可以防止企业存放过多的闲置资金而阻碍资金增值，给企业造成不必要的经济损失，这样企业面临的现金管理风险就相应降低了。

除此以外，企业还可建立备用金管理制度。备用金金额固定，实行先领后报、用后实报实销，同时按照实际支出数补齐备用金。这样一来，企业的现金支出管理就会更加系统化、科学化，现金管理的风险会相应降低。

3. 做好现金的核算与登记工作

现金是通用的交换媒介，也是对其他资产进行计量的一般尺度。为了能够全面、连续、序时、逐笔地反映和监督现金的收入、支出与结存情况，防止现金收支差错和舞弊行为的发生，企业需对现金进行必要的登记与核算，通过"库存现金"科目和现金日记账来完成。

对企业来说，无论是采购物资，还是购建固定资产，又或者是销售商品，还有支付经营过程中必须消耗的水电费等，这些业务要么涉及现金的支出，要么涉及现金的收入。现金日记账不仅需要每月核算出结存情况，还要每天核算出结余金额，做到日清月结。出纳人员应经常核对现金日记账与现金实有数，防止现金短缺或现金溢余没有被及时发现。

如果不准确地记录现金收支与结存情况，就会使企业的账目混乱不堪，对企业财务管理造成不利影响，容易使企业陷入财务风险。

其实，在进行上述现金管理工作之前，企业最应该做的是建立完善的现金管理制度，为企业开展现金管理工作指明方向，定好标准，约束员工的行为。

风险管控之销售与应收账款管理

企业要想盈利，必须通过销售活动完成。但在销售业务中难免会遇到客户无法立即支付货款的情况，此时企业就会产生应收账款。无论是销售活动本身，还是应收账款，都具有一定的风险。

1. 销售管理下的风险管控

对经营性企业来说，销售管理中存在的风险包括产品销售困难、积压以及削价等。简言之，销售风险就是由于销售环境的变化，给销售活动带来的各种损失。使得企业存在这些风险的原因有很多，具体如下：

◆ 企业产品老化、质次价高、缺乏竞争力，原有市场被新的竞争者抢占。

◆ 同行业企业重复生产同一种产品，使得生产过剩、商品供大于求。

◆ 国外竞争者大量涌入，使国内市场的商品供大于求，销售困难等。

要避免和防范这些风险，可以从以下四个方面入手：

◆ 努力提高产品质量，降低产品成本，改变企业产品形象，同时积极调查研究市场动态，使企业的生产经营符合市场需要，做到适销对路。

◆ 销售人员应提高对销售风险的识别能力，这就要求销售人员应随时收集、分析和研究市场环境的变化，判断销售风险发生的可能性，及时发现或预测销售风险。

◆ 在预测销售风险的基础上，企业应积极投保，通过保险来转移销售风险。

◆ 在无法避免风险的情况下，应提高处理销售风险的能力，尽可能地降低销售风险给企业带来的损失，防止引发其他负面效应和可能派生出的其他消极影响。

2. 应收账款管理下的风险管控

应收账款管理是指在赊销业务中，从企业将货物或服务提供给客户（购买方），债权成立开始，到款项实际收回或作为坏账处理结束，企业采用系统的方法和科学的手段对应收账款回收全过程进行的管理工作统称。

应收账款管理的目的就是保证足额、及时收回应收账款，这样就可以降低和避免信用风险。因此，应收账款管理是企业风险管控的一项重要工作内容。要想在实际工作中更有效地进行应收账款管理，控制风险，首先需要制定适合企业发展的信用政策，然后考虑具体的防范风险的措施。下面从应收账款管理的两个阶段来作详细说明。

◆　债权成立→应收账款到期日

在这一阶段，企业对应收账款的管理主要是记录，通过正确、真实地记录应收账款的情况来降低风险。但过程中可以做的事情有很多，比如：

①建立应收账款责任制度，明确规定责任单位和责任人。

②建立合理的奖罚制度，促使责任单位和责任人更积极地投身到应收账款的管理工作中，尽可能地降低应收账款风险。

③建立应收账款分析制度，分析应收账款的现状和发展趋势，及时采取措施，防止应收账款成为不良应收账款。

④按照信用客户的名称设置应收账款明细账，详细记录企业与各信用客户的往来情况。

⑤指定专人负责赊销业务的分工，如登记明细账、填制赊欠客户的账单、向赊欠客户交送或邮寄账单、处理客户支付的货款等。分工明确可以保证应收账款的情况不遗漏，避免应收账款记录不准确导致出现坏账的风险。

⑥应收账款的明细账定期与总账核对，监控应收账款的数据是否记录正确，通过自查来减少应收账款的坏账风险。

◆ 应收账款到期日→收回款项或做坏账处理。

在这一阶段，企业对应收账款的管理主要是回收货款或确认坏账损失。能够降低坏账损失发生概率，进而减小应收账款风险的举措有如下方面：

①做好应收账款的账龄分析，实时掌控应收账款的回收情况，对还有哪些款项没有收回来，哪些款项最迟应在什么时候收回等有一个清晰的了解。

②加大对应收账款清欠回收工作的力度，加强对账，尽快收回款项。

③对于不能正常收回的应收账款，可采取以物抵债、让利清收等措施强行收回，即使不能全部收回款项，也能减少企业的损失，防止企业面临更大损失的风险。

④对有偿还能力但不重视、不积极归还欠款，或者以各种理由推托不还的客户，可适当采取诉讼方式，强制收回。

⑤实行严格的坏账核销制度，将发生的坏账与收益进行配比，从收益中扣除，从而列示企业的实有资产，遵循会计信息谨慎性原则的要求，缩小企业的损失。

筹资风险管理

筹资风险指企业在融资活动中由于资金供需市场、宏观经济环境的变化，或融资来源结构、币种结构及期限结构等各种不确定因素，给企业带来损失的可能性。筹资风险管理就是对这些风险进行管理，避免其产生，或者使其消失或降低。下面就从筹资风险的形成、管理过程、要点以及方法的角度来介绍。

1. 筹资风险的形成原因

①企业经济效益差，抗风险能力弱，使企业偿债能力也弱，无法融到资金，

或者即使融到资金，也会因为经济效益差而无力偿还债务，风险越来越大。

②经济不景气，通货膨胀或通货紧缩等，使银行利率发生变数，给企业造成很大的还款压力。

③企业资本结构不合理，使企业的债务资本比例越来越大，使企业丧失偿债能力，从而引发筹资风险。

④企业筹资条件不充分，使得企业在筹资时必须突破条件限制，仓促筹资，资金使用效果不好，引发筹资风险。

2. 筹资风险管理过程

筹资风险管理过程可分为识别筹资风险、衡量筹资风险和控制筹资风险三个阶段。

◆　识别筹资风险

识别筹资风险就是要求企业在筹资发生之前，对筹资活动中尚未发生的潜在的各种风险类型和可能产生的原因进行预判和分析，以便进一步衡量和控制风险。实务中可用来识别筹资风险的方法见表 5-9。

表 5-9　识别筹资风险的方法

方　法	说　明
调查分析法	一般采用问卷调查法，借助社会力量，对企业可能遇到的风险进行详细的调查，从而做好分析，判断识别筹资风险
报表分析法	通过分析企业的财务报表数据来识别筹资风险，一般分析各种财务比率的变动情况，如资产负债率、流动比率、速动比率和现金比率
流程分析法	按照企业筹资的过程分析每个环节存在的筹资风险，以便采取有针对性的控制措施
环境分析法	对企业筹资活动的外部环境条件进行分析，如筹资的国内政治形势、筹资的法律环境、产业政策状况、物价指数变动趋势、货币政策、金融市场资金供求关系以及利率状况等，从而识别这些环境变化可能会给企业带来的筹资风险

◆ 衡量筹资风险

衡量筹资风险就是衡量风险将会对企业产生多大的影响，方便制定出相应的对策，从而更好地控制风险。

◆ 控制筹资风险

筹资风险的控制分为回避、减轻、转移、分散和自留，具体内容见表 5-10。

表 5-10　控制筹资风险的方法

方　　法	说　　明
回避风险	在衡量了企业存在严重风险损失的可能性后，主动放弃或拒绝实施可能引起风险损失的筹资方案或计划。但这种方法很可能使企业丢失机会
减轻风险	在筹资风险损失发生之前，采取有效措施预防风险发生，或者减轻风险损失的程度。比如原计划筹资 100.00 万元，但先筹资了 50.00 万元，预估企业后续存在无力偿还借款的可能性，因此放弃筹资剩下的 50.00 万元
转移风险	企业通过某些方式将筹资风险转移给其他人承担，常用的是保险转移和财务型转移。保险转移指通过投保来转移筹资风险；财务型转移是指企业利用合同条款将筹资风险转移给出资方或投资人，比如将各种原因产生的赔偿责任等损失后果合理、合法地从合同的一方转移给另一方
分散风险	企业在筹资总规模确定的情况下，通过调整筹资偿还期限和筹资方式等优化筹资结构，达到分散筹资风险的目的
自留风险	企业以自己的财力承担和补偿可能发生的筹资风险损失。比如提取风险损失准备金，当发生损失时用来弥补，增强抵御风险损失的能力

3. 筹资风险管理的要点

掌握筹资风险管理的要点，可提高风险管理的效益，防止筹资风险管理不到位而进一步引发其他的财务风险。

◆ 强化筹资的可行性研究，避免盲目筹资给企业带来不必要的还款压力。

◆ 灵活地选用多种筹资方式，分散筹资风险。

◆ 重视筹资的期限结构，避免债务偿还压力过于集中而带来风险。

◆　建立筹资风险的保障制度，使风险管理制度化、规范化。

4. 筹资风险管理的方法

企业筹资风险管理可用的方法包括财务杠杆系数衡量法、指标分析法和概率分析法，具体操作见表 5-11。

表 5-11　筹资风险管理的方法

方　　法	说　　明
财务杠杆系数衡量法	利用财务杠杆系数的大小，判断筹资风险的大小。杠杆系数越大，表明企业偿债压力越大，筹资风险就越大；反之，筹资风险越小
指标分析法	通过将企业的有关财务指标与同行业平均水平进行比较，判断筹资风险的大小。若偏离同行业平均水平较远，则表明企业筹资风险较大；反之较小
概率分析法	根据企业对经营业务进行预测的数据分析各种情况可能出现的概率，从而分析筹资风险发生的可能性

投资风险管理

投资风险指企业为实现自身的投资目的而对未来经营、财务活动造成亏损或破产的可能性。要做好投资风险管理，首先需要了解投资风险具体有哪些，然后做好风险防范对策。

1. 投资风险的类别

由于政策变动、管理失误等，使得企业经营过程中必然存在投资风险，具体包括五个方面，见表 5-12。

表 5-12　投资风险的类别

类　　别	说　　明
货币风险	即购买力风险，由于货币存在时间价值，因此企业投资过程中货币会贬值

类　别	说　明
财务风险	企业投资股票或基金等，由于被投资公司业绩不佳，导致派息减少、股价下跌，对投资企业来说就面临投资风险
利率风险	企业投资债券或将资金存入银行，由于利率下降而使债券利息或存款利息下降，使企业遭受投资损失
市场风险	市场环境瞬息万变，对各种投资项目的影响较大，投资企业一直都面临着市场情况变动导致投资收益下降甚至投资本金损失的风险
变现风险	指企业投入到投资项目的资金存在变现困难的风险，比如买入的股票没有在合理价位卖出，从而不能收回资金的风险
事件风险	与财政和大市无关的一些事件发生后，对投资项目有沉重打击，导致投资企业的投资收益或投资本金受损的风险

2.投资风险的防范对策

与筹资风险的控制方式类似，投资风险的防范对策也主要从回避、分散、转移和自留等方面入手。

◆ **回避风险**：在投资之前识别投资风险，对存在重大投资风险的投资项目或方案采取直接放弃的处理方式。

◆ **分散风险**：优化投资结构，实行多元化投资，将投资风险分散到众多投资项目中，避免风险过于集中而使企业无法承受。

◆ **转移风险**：通过合理、合法的手段将投资风险的部分或全部转移给其他方承担。一般通过投资合同的条款约定来实现。

◆ **自留风险**：对于一些无法避免、分散和转移的风险，企业应在不影响自身根本或局部利益的前提下，通过增强自身经济实力，积极承担风险。

除此以外，企业可制定投融资管理制度，将投融资风险的管理规范化、科学化，使企业在面临风险时不至于手忙脚乱，可以及时、积极地应对。

第 6 章

内部审计与风险控制

内部审计是相对于"外部审计"而言的，它是由部门、单位内部专职审计人员进行的审计工作，目的在于帮助部门、单位的管理人员实行最有效的管理。从某种意义上来说，企业进行内部审计就是在控制风险，通过审计发现经营过程中存在的问题，然后及时解决问题，规避或降低风险。

内审与风控的联系

内部审计是审计工作，而风险控制属于风险管理工作。两者之间显然是不同的，但两者之间是否存在关联呢？

1. 相互依存并相互作用

根据我国相关政策规定，在企业进行内部审计工作时，需要将风险控制作为内审工作中的一个需要监督的部分，需要通过内部审计制约企业的风险控制管理工作。同时，通过实施内部审计来促进风险控制作用充分发挥。

另外，企业做好风险控制，能为内部审计工作打好基础。风险控制得当，内部审计工作就会很轻松。如果没有进行风险控制，则企业经营情况很可能像"脱缰的野马"失去方向，就会给内部审计工作带来麻烦和困难。

由此可见，两者存在相辅相成、相互促进的关系。

2. 相互触发新功能

由于内部审计可有效促进风险控制工作的执行，从而促使企业对自身经营的各方面进行有效的评价，进一步建立合理、科学的风险评估系统，保证相关人员在风险控制工作中积极承担自己的责任。

反过来，风险控制可以指导企业进行内部审计工作。通过风险控制发现企业存在的问题，然后将其作为企业内部审计的重点内容，使内部审计工作更有针对性，效率也更高。同时，企业还可根据风险控制的情况选择合适的审计方法，避免审计资源的浪费和内部审计重心偏移。另外，风险控制中对风险做出的评估结果，也可以用来指引企业制定内部审计方案，精准找到内部审计的方向。

3. 风险控制帮助内部审计实现转化

企业要想将内部审计转化为战略性审计，就必须使风险控制渗透到企业管理工作中的方方面面。因为风险的管控与企业的生存发展密切相关，所以通过风险控制的战略性质，就可以将内部审计往战略性审计转化。这样，内部审计工作的作用会得到充分发挥，风险控制的作用也能得到充分的体现。

风控体系如何搭建

风控体系即风险管理体系是指组织管理体系中与管理风险有关的要素集合，包括风险管理策略、组织职能体系、内部控制系统和风险理财措施。那么风险体系的搭建具体应如何做呢？

1. 组建风险控制项目组

在明确风险控制的目标基础上，结合企业当前的发展情况，确定风控方案，同时组建风控项目组，负责整个企业的风控工作。

风控项目组一般由公司董事长任组长，重要领导任副组长，各部门或各子公司的相关领导为组员。

需要注意的是，风控项目组需要由审计工作组或审计部门来协同工作，负责具体风控事项的执行。

2. 收集风控工作所需的信息

风险控制工作的作用对象是企业经营管理的人、事、物的各个方面，因此，风控工作所需的信息要从经营活动中的各个方面收集获取。

◆ 通过访谈、问卷调查和座谈会等方式，与企业各个管理层的管理人员进行充分沟通和交流，获取公司层面和业务层面的管理状况，洞察公司生产经营的全貌。

◆ 了解各经济业务的管理状况，看各关键控制点是否有相应的控制措施，是否有相应的制度流程进行规范，以及制度流程的执行状况等。

◆ 对照内控基本规范和配套指引，查看企业各方面的管理制度是否存在缺陷，并形成记录。

3.进行风险评估并应对风险

根据前期收集的信息，分析企业的经营情况，对风险的形成原因进行详细分析。通过风险评估，确定风险的种类和等级，同时还要评估风险发生的概率和对企业经营管理的影响程度。

根据风险评估结果，结合企业的风险承受能力，综合运用风险规避、风险降低、风险分散、风险转移以及风险自留等应对策略，对风险进行有效的控制。

最后，还要在风险评估与应对的基础上，编制风险管理指导手册，形成制度性的文件，为以后的风控工作提供依据和行事标准。

4.将风控系统宣传给企业员工知晓

风控体系形成后，要想其发挥实质性的作用，还需要在企业内部对其进行宣传，让全体员工知晓该体系的存在，使员工们能积极投身到具体的风控工作中，全方位地对风险进行管控。

5.不断调整和改进风控体系

由于市场环境在不断变化，企业的经营业务也不是一成不变的。因此，要想风控体系适应企业的发展，就必须在运用的过程中不断根据市场环境和企业经营情况进行调整和改进。相关操作主要有三种，见表6-1。

表 6-1 调整和改进风控体系的操作

操 作	内 容
自我检查评估	企业的各部门或各子公司定期根据风险管理制度的规定，对各自的经营情况进行检查，并出具相应的自查报告，为调整和改进风控体系提供依据
内部审计	企业的内部审计部门或审计小组对企业运营的各项工作进行全面审计，出具审计报告并提出改进意见，从而使风控体系的调整有据可依
外部评估	企业聘请外部相关事务所或咨询机构对自身的风险管控情况进行检查和评估，发现其中的问题，及时做出调整和改进

企业风控体系的搭建工作，应始终坚持"预防为主，检查为辅，以查促防"的原则，即以风险预防和控制为导向，通过检查企业经营情况来评估风控的效果，促使风控体系得以调整和改进，达到以查促防的目的。

内审程序之确定审计计划与范围

在具体开展内部审计工作之前，企业需要有明确的审计计划，同时还要明确审计的范围。这样才能保证内部审计工作有序进行，既不浪费时间，也不忽略审计的要点。

1. 内部审计计划

简单来说，内部审计计划就是对内部审计工作的安排或者实施方案。每个企业会因为其经营状况的不同而使内部审计计划有所差异。内部审计计划就是要确定审什么、怎么审、如何处理审计结果、审计结果不好时应做什么以及审计计划如何调整和改进等。

内部审计计划为开展内部审计工作的指导性文件，给出行事指南和标准，由执行者按照计划开展内部审计工作。

2.内部审计的范围

内部审计的范围可简单理解为内部审计的内容，了解了需要审计的内容就能明确审计的范围，表6-2为内部审计的范围。

表6-2　内部审计的范围

范　围	内　容
审会计报表的内部制度	①调查并了解报表编制的内控制度，包括岗位责任控制情况、编制程序控制情况和内部会计稽核控制情况等 ②审查企业报表编制程序的执行情况，如审查报表编制各环节责任的落实和遵守情况，看运行是否合理；审查报表编制的准备工作是否充分有效；初步审查部分报表的编制工作质量是否符合要求 ③对财务报表的内控制度进行评价
审会计报表编制的正确性	审查资产负债表、利润表、现金流量表和其他会计报表及报表附注编制的正确性
审会计原则的遵守情况	①查看企业的会计政策说明书或相应的手册，审查与会计政策有关业务的会计处理，看折旧方法、存货计价法等是否遵守一致性原则，看各种资产负债项目的列示是否遵循了实际成本原则，看各种影响当期财务状况的重要项目的列示是否遵守了重要性原则等 ②审查会计原则的变更对企业资产、负债和所有者益权产生的影响，同时查看其是否在报表附注中得到正确的反映和说明
对有关问题进行必要的调整	对在内部审计工作中发现的与会计准则不相符的事项进行调整
对会计报表进行分析性复核	通过对比企业前后期的偿债能力、营运能力、盈利能力和发展能力等方面的财务指标，分析指标的增减变化趋势，对异常变化进行重点审查，写出分析性复核的结果，为进一步确定内部审计的重点提供依据
审报表附注和说明	①调查和了解会计报表附注与说明的内容，看其与说明事项有关的内容是否真实 ②查看是否有相关部门对企业会计变更事项的审批文件 ③审查报表附注与说明事项的处理是否符合会计准则 ④审查报表附注中是否有对存货计价方法、固定资产折旧法以及长期合同中关于会计方法的变更等说明
审会计报表揭示的内容	审查会计报表是否按照现行会计制度的规定进行项目的揭示和反映，企业有无合并或少列项目的情况等

续表

范 围	内 容
审会计报表的表达方式	①查看会计报表的格式是否是会计准则规定的格式，企业有没有进行自我调整 ②查看会计报表的编制是否符合编制原则，比如报表中的各个项目的计算和相互关系是否正确
审查期后事项	①比较被审查的会计报表与近期的会计报表，看是否有重大变化项目 ②向有关部门查询资产负债表日到审计日之间是否有重大经营活动和重要的经营环境变化 ③向有关部门查询报表日后的会计估计或判断基础等是否有重大变动 ④审查报表日后的账面上是否有异常调整事项 ⑤审查企业是否有诉讼、赔偿等情况 ⑥向税务机关查询自家企业的税务缴纳和税务纠纷等情况

💣 提醒

期后事项是指会计报表至审计报告日之间发生的事项和审计报告日后发现的事实。由于期后事项很可能影响审计人员对被审计单位的审计意见，因此审计人员必须密切关注期后事项。它主要包括对会计报表有直接影响需调整的事项和对会计报表没有直接影响但应予以披露的事项。

除了表 6-2 所示的内部审计内容外，如果企业的经营业务涉及外币，或者涉及母子公司经营模式，则还需对外币报表和合并报表的相关内容进行审计。

◆ 审查外币报表的换算

首先，审查外币报表的功能性货币选用的合理性。其次，审查外币报表换算工作底稿。最后，复核各会计报表中汇率是否合理、换算金额是否正确，主要审核内容如下：

①看资产负债类项目是否按决算日的市场汇率换算金额；看所有者权益类项目（不包括未分配利润）是否按历史汇率折算；将未分配利润项目与折算后的利润分析表项目进行比对，看是否相符；复核折算差额与报表列示是否都正确；核

对资产负债表的年初数与上年折算数是否一致等。

②看复核利润表与利润分配表中的各个项目的折算结果是否正确，如发生额项目是否按平均汇率折算，发生额项目以决算日汇率折算的，是否在附注中做了相关说明，平均汇率的计算是否正确以及方法是否一致；看利润分配表中净利润与利润表中该项目的数据是否一致；看利润分配表中的未分配利润项目是否按照其他项目计算列示等。

③审查现金流量表项目的折算是否正确，如检查长期负债、长期投资、固定资产、递延资产和无形资产等项目的增减情况以及是否按决算日的汇率进行折算；检查反映资本净增加额的项目，看其是否按发生时的汇率进行折算；查看现金流量表中的其他项目与折算后的其他报表的数据是否一致；查看流动资产来源和运用栏内的流动资金增加净额项目与流动资金各项目的变动栏内对应项目的数据是否一致；审查外币折算差额是否单独列示，看其金额计算是否正确等。

④审查外币折算报表的表述，看其是否符合我国会计准则的要求，看报表项目与母公司会计报表项目是否一致等。

◆ 审查合并报表

审查合并报表时，主要有如下八项内容：

①审核合并报表编制的基础，看其内容和附列的资料是否完整、齐全，查母子公司的决算日、会计期间和会计政策等是否一致，审查母公司对子公司投资的会计核算是否符合规定等。

②看企业是否编制了合并报表数据汇总表或合并报表工作底稿，并审查汇总表或工作底稿中的有关数据是否与单位会计报表中的数据一致。

③审查合并资产负债表的调整项目是否正确，如看母公司权益性资本投资项目的金额和子公司所有者权益中母公司所持有份额的抵销情况，查看合并差价的列示是否正确；看母子公司之间的债权、债务类项目的抵销情况；审查企业的坏账准备金额是否进行了调整；审查企业由于内部销售产生的未实现内部销售利润

是否在固定资产项目中进行了抵销，并与合并利润表的相关项目进行核算；查合并报表中少数股权的列示是否正确，同时看其金额与子公司的会计记录是否核对相符；审查所有者权益中未分配利润项目的数额与合并利润分配表中的该项目是否一致。

④审查合并利润表的调整项目是否正确，如审查内部销售商品已实现对外销售的部分是否对营业收入和营业成本项目进行了抵销；审查企业上期存货包含的内部销售未实现利润是否在年末未分配利润和营业成本中进行了抵销；审查企业内部固定资产交易产生的未实现内部销售的抵销情况；审查母公司与子公司以及子公司之间持有对方债券所发生的投资收益是否与其相应的利息支出相互抵销；审查母公司与子公司之间的权益性资本投资收益是否进行了抵销；审查少数股东本期损益是否是子公司净利润项目扣除母公司投资收益的余额；核对净利润计算是否正确。

⑤审查合并利润分配表中各抵销项目是否正确，如审查全资子公司和非全资子公司的利润分配项目的抵销情况；审查合并利润分配表因为抵销而产生的合并差价的计算与处理是否正确。

⑥审查合并财务状况变动表的编制，看合并现金流量表的编制基础是否为合并资产负债表和合并利润表；看少数股东本期损益是否作为流动资金来源处理；看少数股东增加对子公司的投资是否作为流动资金来源处理；看子公司将利润分配给少数股东是否作为流动资金来源处理等。

⑦审查合并报表的汇总计算是否正确。

⑧审查合并报表附注的内容是否完整、真实。

内审程序之评估审计风险

评估审计风险指审计人员接受审计项目后，在初步了解被审计单位基本情况的基础上，采用一定审计方法评估该项目可能存在的审计风险的过程。显然，评估审计风险是内部审计程序中的一环。

审计风险指导致财务报表产生重大错报和漏报的可能性，它是客观存在的，不能被消灭，更不会受审计人员的影响和控制。因此，对审计人员来说只能对审计风险进行评估，然后根据评估结果给出预防措施。审计风险的组成可由如下计算模型来表达：

$$审计风险 = 内在风险 \times 控制风险 \times 检查风险$$

注意，审计风险并不能在审计结束时以数据模型加以确定，因为审计人员并不知道实际风险。上述计算模型只是用来定性地判断和衡量审计风险。

评估审计风险主要从被审计单位本身的各方面情况出发，如经营规模大小、经营性质、内部控制和管理当局的可信赖程度等。审计人员可针对审计过程中的一些主客观情况，对某些审计事项的审计风险大小和可能导致的危害进行分析、估计和测试，以确定合理水平的审计风险，尽量避免和控制审计损失的发生。

具体项目的审计风险评估可分为三个过程，即收集信息、收集证据和实证观察。这些过程可以是主观的，也可以是客观的。

◆ 主观地评估审计风险。

主观地评估审计风险，就是利用有限的信息，由审计人员根据个人的判断进行审计风险估计。这种评估方式要建立在信息和个人长期积累的经验基础上，运用得当也可以接近客观评估。

◆ 客观地评估审计风险。

客观地评估审计风险，就是根据足够的历史资料，利用统计方法或分析方法进行精准的计算，从而得出未来审计风险发生的概率。这种评估方式下的依据是客观存在的，不会因审计人员的意志而转移，所以评估结果比较准确。

评估审计风险时，还有一项工作是必须要做的，那就是确定企业可接受的审计风险。而在确定可接受的审计风险时，又要借助于可接受的标准，超过标准的就是不可接受的，未超过标准的就是可接受的。从社会角度看，审计风险的可接受水平在 5% 左右，可接受的损失程度则以保险公司的保率为准。

运用社会标准对审计风险进行衡量是审计风险评估的关键，根据衡量结果确定是否采取控制措施，以及控制到什么程度。

当评估出的损失发生概率和损失严重程度大于社会标准时，说明企业的审计项目比较危险。如果两者差距太大，导致审计人员无法采取措施进行控制，则可考虑不进行这项审计工作，属于风险回避；如果两者差距不大，可以采取一定措施进行控制，且可使审计风险降低至可接受，属于风险转移；当评估出的损失发生概率和损失严重程度小于社会标准时，说明企业的审计项目虽然存在一定审计风险，但还能接受，为了安全起见，还是需要采取一些控制措施，保证总体审计风险不超过社会可接受水平，属于风险自留。

防范审计风险在防范财务风险的过程中是不能忽视的，只有评估出审计风险，然后做出应对策略，才能为防范财务风险出一份力。

内审程序之穿行测试、截止性测试与计价测试

穿行测试、截止性测试和计价测试都是内部审计程序中可能会涉及的审计方法，熟练掌握这些审计方法有利于降低审计风险。

1. 穿行测试

审计人员追踪交易在财务报告信息系统中的处理过程，就是穿行测试。这是审计人员了解被审计单位业务流程和相关控制工作时经常使用的一种审计程序。概括地讲，就是在风险管理中，在企业正常运行条件下，审计人员将初始数据输入内控流程，穿越全流程和所有关键环节，把运行结果与设计要求相比较，以发现内控流程缺陷的方法。

穿行测试不是一个单独的程序，而是由多种程序按特定审计需要进行结合运

用的方法。进行测试的具体步骤如图 6-1 所示。

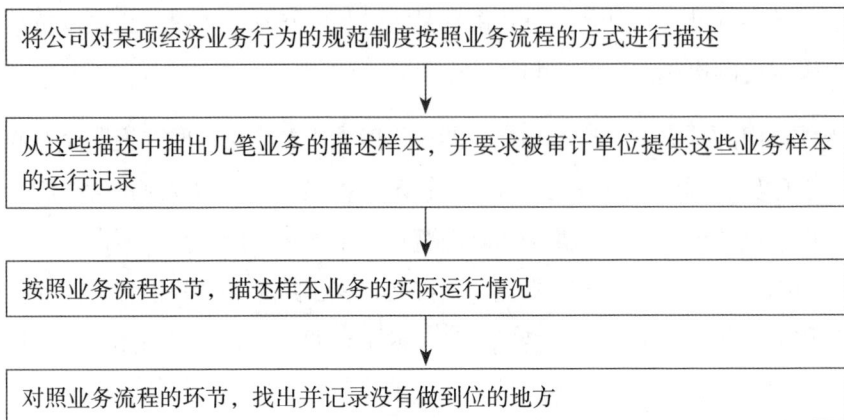

图 6-1 穿行测试的实施步骤

【案例分析】——企业选取某个销售交易来进行穿行测试

2×22 年 6 月底，乙公司自行组织开展内部审计工作，审计小组拟运用穿行测试技术对销售业务进行审计。

第一步，确定销售业务的流程，即订单处理→核准信用状况和赊销条款→填写订单并准备发货→编制货运单据→订单运送/递送追踪至客户或由客户提货→开具销售发票→复核发票的准确性并邮寄/送至客户→生成销售明细账→汇总销售明细账，并过账至总账和应收账款明细账等。

第二步，看销售交易的订单处理是否及时，客户的信用状况和合同中的赊销条款等是否与最终的应收账款核算一致，是否按时发货，是否编制了货运单据且保存完好，是否开具了合法、合规的销售发票，是否对发票进行了准确性复核，是否登记了销售明细账和汇总销售明细账，是否将销售数据过账到了总账和应收账款明细账中。

第三步，通过查看各业务流程的实际运行情况，判断销售交易中的各业务流程的控制是否得到执行。

由此可知，通过穿行测试，企业的内部审计工作可确认企业的业务流程是否准确和完整，评价控制设计是否能及时预防或发现、纠正重大错报，从而确定控制是否得到执行。

2. 截止性测试

截止性测试是一种常用的具体审计技术，指通过审查被审计业务的凭证与记账的日期等支持性文件或资料，确定被审计单位各项业务的会计记录归属期是否正确的方法。

这种测试技术被广泛运用于货币资金、往来款项、存货、长期投资、短期投资、主营业务收入和期间费用等项目的审计工作中。通过该测试技术，确定企业的业务会计记录归属期是否正确，防止出现跨期事项。无论是哪种业务，均从截止目标、截止关键和截止方法等入手进行。

【案例分析】——对主营业务收入进行截止性测试

2×22 年 6 月底，乙公司自行组织开展内部审计工作，审计小组拟运用截止性测试技术对主营业务收入的记录进行审计。

①截止目标：确定本公司主营业务收入的会计记录归属期是否正确，看应计入本期或下期的主营业务收入是否有被推迟至下期或提前至本期的情况，防止利润操纵行为。

②截止关键：看发货日期、发票开具日期（或收款日期）以及记账日期这三个时间是否归属于同一适当的会计期间。

③截止方法：确定出多条审计路线，方便进行对比。

3. 计价测试

计价测试经常被应用在存货的审计工作中，因此常被称为存货计价测试。它是指在审计实务中为了验证财务报表中存货余额的真实性，而必须对存货的计价进行审计的审计程序。

存货计价测试的重点要放在直接材料成本测试、直接人工成本测试、制造费用测试和生产成本在当期完工产品与在产品之间分配的测试等方面上。

存货计价测试并不是测试企业内部所有的存货，而是从存货数量已经盘点、单价和总金额已经计入存货汇总表的结存存货中选择样本，实施审计抽样。具体的操作步骤如图 6-2 所示。

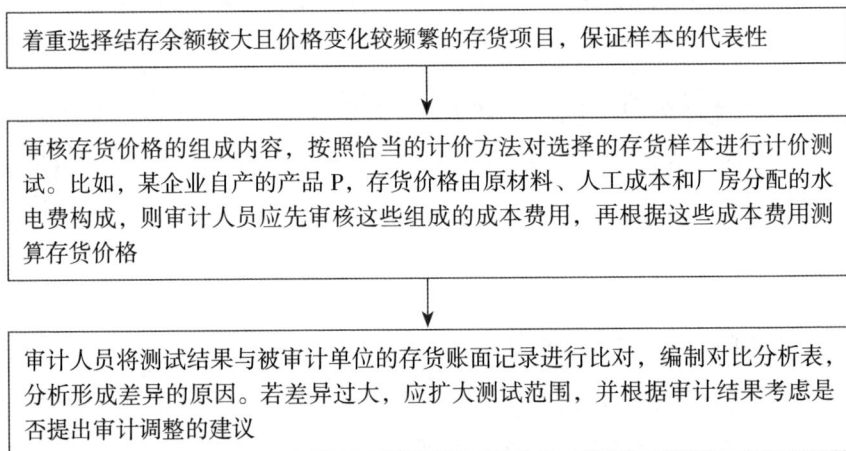

着重选择结存余额较大且价格变化较频繁的存货项目，保证样本的代表性

↓

审核存货价格的组成内容，按照恰当的计价方法对选择的存货样本进行计价测试。比如，某企业自产的产品 P，存货价格由原材料、人工成本和厂房分配的水电费构成，则审计人员应先审核这些组成的成本费用，再根据这些成本费用测算存货价格

↓

审计人员将测试结果与被审计单位的存货账面记录进行比对，编制对比分析表，分析形成差异的原因。若差异过大，应扩大测试范围，并根据审计结果考虑是否提出审计调整的建议

图 6-2　存货计价测试的实施流程

内审程序之函证、分析性复核与替代测试

函证、分析性复核与替代测试是内部审计工作中可能涉及的审计程序或技术。

1. 函证

函证一般应用于注册会计师对企业进行的审计工作中，是注册会计师为了获取影响企业财务报表或相关披露认定的项目信息，通过直接来自第三方对有关信息和现状的声明，获取和评价审计证据的过程。比如，对应收账款余额或银行存款的函证。

函证是注册会计师获取审计证据的重要审计程序，通过该程序获取的证据可靠性较高。在函证过程中，注册会计师需要通过下列措施来控制该过程：

◆ 将被询证者的名称、地址与被审计单位的有关记录进行核对。

◆ 将询证函中列示的账户余额或其他信息与被审计单位的有关资料核对。

◆ 在询证函中指明直接向接受审计业务委托的会计师事务所回函。

◆ 询证函经被审计单位盖章后，由注册会计师直接发出。

◆ 将发出询证函的情况以及收到的回函等都形成审计工作记录，并汇总统计函证结果（包括函证编号、被询证人名称、函证信息、函证方式、函证日期、回函日期、回函结果、可确认的信息、信息差异和说明以及审计结论等）。

如果审计师在实施函证后的合理期限内没有收到回函，则应向被询证人进行二次函证。

【案例分析】——以函证方式审计企业银行存款的情况

截至 2×22 年 6 月 30 日，某公司会计记录上记载其在开户银行的存款有120.00 万元。审计人员可向开户银行发出询证函，获取开户银行对于该公司存款的说明。

如果开户银行确认该公司的记录是正确的，那么审计人员可确认该公司的会计记录是正确的，即审计结果为银行存款没有问题。

2. 分析性复核

分析性复核指审计人员通过对被审计单位的财务信息与前期可比信息、预计结果、类似行业信息等进行比较，研究财务信息要素之间、财务与非财务信息之间可能存在的关系，以此来评价财务信息的一种方法。它也是内部审计中风险导向审计的一种程序。

分析性复核的关键在于分析和复核，而复核在实务中就是比较。因此，审计人员使用该程序进行审核时，需要做的事情有以下两个方面：

◆ 调查被审计单位的重要财务比率或趋势的异常变动。

◆ 审查这些重要财务比率或趋势与预期数额和相关信息的差异。

通过上述两个方面的工作，发现企业存在的不合理因素，从而确定审计重点，控制审计风险，提高工作效率，保证审计工作的质量。

3. 替代测试

替代测试是在审计工作中为了解决无法收回发出函证的问题，而使用的替代函证来审计项目的真实性的另一种方法。在具体实施过程中，一般通过财务系统完成，按照系统中的相关操作进行即可。

常见报表科目的审计测试

审计测试是审计人员为了达到审计目的，采用一定的方法对被审计项目的部分内容进行试验，以获取审计证据，据以判断被审计项目是否可以接受的一种审计程序。它包括了前述提及的穿行测试、截止性测试、计价测试、函证、分析性复核和替代测试等。下面介绍常见报表科目的相关审计知识。

1. 应收账款的审计

审计人员对应收账款进行审计，需要明确如下情况：

◆ 看资产负债表中记录的应收账款是否已经存在，确定是否存在不合理挂账的现象。

◆ 看所有应记录的应收账款是否都已经记录在册，防止漏记。

◆ 看被审计单位记录的应收账款是否由其拥有或控制。

◆ 看应收账款是否可以回收，坏账准备的计提方法和比例是否恰当，计提是否充分。

◆ 看应收账款及其坏账准备的期末余额是否正确，是否已经按照企业会计准则的规定在财务报表中做适当的列报。

审计应收账款时，具体的审计测试程序如下：

第一步，审查应收账款明细。复核应收账款的总账数与明细账合计数是否相符，然后结合坏账准备科目与报表数核对，查看是否相符；查非记账本位币的应收账款折算汇率和折算是否正确；对有贷方余额的应收账款进行分析，结合预收款项等往来项目的明细余额，查看是否有与销售无关但挂应收款项的情况；审查重要的欠款单位，核算欠款合计数占应收账款余额的比重。

第二步，审查涉及应收账款的相关财务指标。审查应收账款借方累计发生额与主营业务收入是否配比，并将当期应收账款借方发生额占销售收入净额的比重与管理层考核指标相比较，如果存在差异，应查明原因；查看应收账款周转率、应收账款周转天数等指标，与被审计单位以前年度或同行业同期的相关指标做对比，看被审计单位是否存在重大异常。

第三步，审查应收账款账龄分析是否正确。比较应收账款账龄分析表中的合计数与应收账款总分类账的余额，看是否有重大调节项目；审查被审计单位的销售发票和运输记录等原始凭证，看账龄的核算是否准确；审查已收回金额较大的款项。

第四步，向债务人函证应收账款。函证时要对函证的范围、对象、方式、时间的选择等作详细说明，并对函证进行控制，对不符事项进行处理，最后要对函证进行总结和评价。

第五步，进行一些必要的收尾工作。确定复核已收汇的应收账款金额；对没有函证应收账款的实施替代测试审计程序；审查坏账损失的确认和处理是否正确；抽查被审计单位是否有不属于结算业务的债权；审查被审计单位的贴现、质押或出售等业务；对应收账款实施关联方及其交易审计程序，查看销售合同、销售发票和货运单证等资料，看交易是否真实、合理；查看应收账款的列报是否恰当。

2. 应收票据的审计

审计人员对应收票据进行审计，需要明确的情况可参照应收账款，这里不再详述。下面对应收票据的审计测试程序作详细说明。

第一步，审应收票据的明细。查被审计单位的应收票据明细表和应收票据备查簿，看两者记录是否一致，对有必要实施函证的向出票人函证，证实票据的存在性与货款可收回性，编制函证结果汇总表；查大额票据对应的销售合同和发票等资料，证实交易的真实性；复核带息票据的利息，看计算是否正确，同时查逾期应收票据是否已经按规定停止计提利息并进行正确的会计处理。

第二步，查应收票据的贴现情况。查看应收票据的贴现息计算和会计处理是否正确；请被审计单位协助工作，标注出至审计时已经兑现或贴现的应收票据，从而查看出资产负债表中应收票据的数据真实性。

第三步，查坏账准备。审查与应收票据相关的坏账准备的计提比例与会计处理是否正确。

第四步，进行必要的收尾工作。查应收票据的关联方及其交易；查应收票据在会计报表中的披露是否恰当。

3. 预收账款的审计

审计人员对被审计单位的预收账款实施审计后，需要明确的情况如下：

◆ 看被审计单位的资产负债表中记录的预收账款是否存在。

◆ 看被审计单位是否对所有应该记录的预收账款进行了记录。

◆ 看记录的预收账款是否是被审计单位应该履行的现时义务。

◆ 看会计报表中的预收账款金额是否准确，与之相关的计价调整是否已经做了恰当的记录。

◆ 看被审计单位的预收账款是否已经按照企业会计准则的规定在会计报表中列报。

审计预收账款时，审计人员可按照如下步骤实施：

第一步，检查预收账款明细表。查被审计单位是否编制了预收账款明细表，并对明细表中的数据做初步审查。

第二步，审预收账款的已转销情况。请被审计单位协助，在预收账款明细表中标出截至审计日已转销的预收账款，查已转销金额较大的预收账款，核对相关的凭证、单据，看其日期是否合理；查已实现销售的商品是否及时转销预收账款，看预收账款期末余额是否正确、合理。

第三步，对需要函证的预收账款实施函证。审计人员应选择被审计单位的预收账款重大项目进行函证，确定重大预收账款项目的真实性和正确性，并编制函证结果汇总表。

第四步，审预收账款的账期挂账情况。查预收账款长期挂账的原因并做出记录，对不符合规定的挂账，要求被审计单位及时调整。

第五步，审预缴税款的情况。依据税法的规定对预收账款对应的预缴税费情况进行审查，看被审计单位是否按时、足额缴纳相关税费。

第六步，进行必要的收尾工作。查被审计单位预收关联方的款项和交易情况，以及合并报表中对应予以抵销的金额的记录；查预收账款在会计报表中的列报是否恰当。

4. 销售费用的审计

审计人员对被审计单位的销售费用进行审计后，需要明确如下情况：

◆ 看利润表中记录的销售费用是否已经发生，是否与被审计单位有关，应该记录的销售费用是否都已经记录在册。

◆ 看与销售费用相关的金额和其他数据是否有明确的记录。

◆ 看销售费用记录的会计期间和使用的核算账户等是否正确。

◆ 确定销售费用是否已经按照企业会计准则的规定在会计报表中做了准确的列报。

审计人员对被审计单位的销售费用实施审计时，可参照如下步骤进行：

第一步，审销售费用的明细。查被审计单位是否编制销售费用明细表；查销售费用的各明细项目是否与被审计单位销售商品或材料、提供劳务以及专设的销售机构发生的各种费用有关，并检查这些项目是否合规、合理，计算是否正确。

第二步，审销售费用明细项目是否合理。查广告费、宣传费和业务招待费的支出是否合理，这些费用的审批手续是否齐全，是否取得了有效的原始凭证；这些费用项目在超过税法规定的限额后，查被审计单位是否做了相应的纳税调整。

第三步，审预计负债。查被审计单位由于产品质量保证产生的预计负债是否按确定的金额做了会计处理。

第四步，审重要或异常的销售费用。查这些销售费用的开支是否符合有关规定和标准，开支的内容是否与被审计单位的产品销售、劳务提供或专设销售机构的经营有关，金额计算是否正确，原始凭证是否合法，会计处理是否正确。

第五步，审其他相关费用。如果被审计单位属于商品流通企业，且已经将管理费用的核算内容并入销售费用科目核算，则需要审计人员在审计销售费用的同时审查被审计单位的管理费用。

第六步，审销售费用的列报。查销售费用是否已经按照企业会计准则的规定在会计报表中做恰当的列报。

5. 税金及附加的审计

审计人员在对被审计单位的税金及附加实施审计时，要明确如下情况：

◆ 看利润表记录的税金及附加是否已经发生，是否与被审计单位的经营业务有关，所有应该记录的税金及附加是否都已经记录在册。

◆ 看与税金及附加有关的金额和其他数据是否都已经做了明确的记录。

◆ 看记录的税金及附加的会计期间是否正确，相关的交易和事项的数据是否已经计入恰当的账户。

◆ 看税金及附加是否已按照企业会计准则的规定在会计报表中做出列报。

实务中，审计人员可按照如下步骤对被审计单位的税金及附加实施审计。

第一步，审税金及附加的明细。查被审计单位是否编制税金及附加明细表，并将明细表与会计报表数、总张数和明细账合计数进行核对，看是否一致。

第二步，审税金及附加的纳税事项。查被审计单位缴纳税费的范围和相关税种是否符合国家规定；查税金及附加下的各项税费的应纳税额计算是否正确，会计处理是否正确。

第三步，审消费税的情况。对于经营应税消费品的被审计单位，审计人员还需审查其当期应税消费品的销售额或销售数量，并根据规定的适用税率，检查其应纳消费税税额的计算是否正确，会计处理是否正确。

第四步，审其他税费的情况。查被审计单位当期应纳资源税产品的课税数量，看其当期应纳资源税税额的计算和会计处理是否正确；查城市维护建设税、教育费附加等税费项目的计算依据是否与当期实际缴纳增值税和消费税的合计数一致，看这些税费的当期应纳税额的计算和会计处理是否正确。同理，查其他税费的当期应纳税额的计算和会计处理的正确性。

第五步，审"应交税费"科目。查"应交税费"科目的金额与税金及附加的钩稽关系，看税费的处理是否恰当。

第六步，进行必要的收尾工作。查被审计单位的税金及附加是否已经按照企业会计准则的规定在会计报表中做了恰当的列报。

巧用"试算平衡表"审计

试算平衡表指某一时点上企业的各种账户及其余额的列表，各账户余额都会反映在试算平衡表中相应的借方或贷方栏内。

用"试算平衡表"对企业进行内部审计时，一般思路如下：

◆ 先编制初始试算平衡表

根据企业科目余额表的记录，将各项目的余额数据誊抄到试算平衡表中，暂且不管数据之间是否试算平衡。

◆ 对试算不平衡的项目进行账表核对

在初始试算平衡表的基础上，通过对试算不平衡的项目进行账表核对，审计相关项目的真实性、正确性，编制账表调整分录。然后将账表调整分录的数据录入到初始试算平衡表中。

◆ 对试算不平衡的其他项目进行追溯调整

对于账表核对无法查明的一些试算不平衡的项目，通过追溯调整法审计相关项目的真实性、正确性，尤其是企业需要在当期对以前年度进行调整的项目，然后编制追溯调整分录，并把调整分录中的数据也录入到初始试算平衡表中。

◆ 确定审计人员的审计调整事项

通过实施审计工作，由审计人员对审计结果进行总结和评价，编制审计调整明细表和审计汇总表。将调整表和汇总表中的相关数据录入初始试算平衡表中。

◆ 整合确定最终的试算平衡表

整合初始试算平衡表以及后面录入的各种调整分录的数据，形成最终的试算平衡表。

由此可见，在编制试算平衡表的过程中涉及审计工作，审计人员可利用试算平衡表的编制来实施审计。如果最终形成的试算平衡表还不能试算平衡，则审计人员还需要从其他角度出发，审查被审计单位的账务。

货币资金控制风险案例分析

纵观企业的经营过程，货币资金可能存在的风险主要有两方面：一是企业发生的支出无法取得真实、有效且合法的税前扣除凭证；二是企业股东或员工的借款没有归还给企业。第一种风险可能导致企业存在白条抵库的违规情形，而第二种风险则可能使企业税款缴纳的处理不正确，导致被罚款。

除此以外，由于货币资金流动性太大，因此在经营活动中难以精准地把控，容易丢失，也容易被盗，甚至容易被挪用。实务中最有效的控制这些风险的办法，就是建立完善的货币资金管理制度，并由整个公司及其员工严格执行制度的规定。

那么，如何从内部审计的角度控制货币资金风险呢？下面来看一个案例。

【案例分析】——从审计的角度识别和应对公司的货币资金风险

某公司创建于 1978 年，其前身是一家国有企业。1998 年时，公司转制成为了一家新公司。这家新公司经过了长达 10 年的发展，积累了非常丰富的工艺技术和管理经验，同时，公司也建立了很多管理制度。

经过不断的努力，公司具备了完整的质量保证体系，并于 2002 年通过了ISO9000 系列质量管理体系认证。公司当年的年创产值达到 800.00 万元，实现利润 360.00 万元，建立了一支技术含量较高的员工队伍，但同时经营中也出现了一些问题，影响了公司的发展。

该公司的出纳人员李某，平时给人就兢业业、勤恳热情的印象，受到领导的器重和同事们的信任。但在一次审计过程中，发现她在工作期间，先后利用 22 张现金支票编造了各种理由提取现金 98.96 万元，且均没有登记现金日记账，构成贪污罪。

李某的财务舞弊行为给企业造成了重大经济损失，对企业来说这就是与货币资金相关的风险。经审计查明，李某的舞弊手段有如下三种：

①隐匿 3 笔结汇收入和 7 笔会计开具好的收汇转账单记账联，涉及销售收入 98.96 万元。她将私自提取的现金金额与该收入进行抵销，使这些业务即使有问题也不会反映在银行存款日记账和银行存款余额调节表中。

②利用公司财务印鉴与行政印鉴合并，且统一由行政人员保管的漏洞，加上行政人员对印鉴疏于管理，私用印鉴开具现金支票。

③伪造银行对账单，将提现的整数金额改成带尾数的金额，并将提现的银行代码"11"改成托收的代码"88"，公司虽对收汇和结汇收入进行了清理，但由于当时人手不足，就没有对该项业务进行专项清查，使李某逃脱。

由此可知，李某作案之所以成功，主要还是因为公司缺乏一套相互牵制、有效的约束机制和监督机制，使李某截留收入、贪污更得心应手。针对类似的货币资金风险，公司可以采取下列措施进行补救和防范：

①复核银行存款余额调节表，看编制是否正确，有无遗漏或收支抵销等情况。

②督促相关人员及时、全面、正确地进行账务处理，使收支业务尽早入账，不得压单。

③实行不相容职务分离机制，使记账与出纳业务的职责相分离，对现金的账实情况进行日常监督和专项监督，实时查看库存现金是否超过限额，是否有挪用、贪污等情况，保管工作是否到位。

④出纳与获取对账单的职责应该相互分离。

⑤监督出纳人员的整个移交工作，查看移交清单是否完整，定期查看是否有遗留问题，若有，应对遗留问题进行限期查明。

总的来说，企业就是要通过实施内部审计来防范和降低企业可能面临的财务风险。

第 7 章

不得不知的税收政策与法律知识

企业要想从根本上防范财务风险的发生，最直接的办法就是熟练掌握各种税收政策的规定内容以及相关的法律知识。只有明确哪些行为不能有，哪些事情不能做，什么行为或事情会给企业带来风险等，从源头出发，才能帮助企业在经营过程中规避风险。本章主要介绍常见的税收政策与相关的法律知识，使企业领导者和管理者对其引起重视。

2019 年增值税新规

2019 年 1 月，国家税务总局发布了《关于小规模纳税人免征增值税政策有关征管问题的公告》，其中包括下列新规定：

小规模纳税人发生增值税应税销售行为，合计月销售额未超过 10 万元（以 1 个季度为 1 个纳税期的，季度销售额未超过 30 万元）的，免征增值税。合计月销售额超过 10 万元，但扣除本期发生的销售不动产的销售额后未超过 10 万元的，其销售货物、劳务、服务、无形资产取得的销售额免征增值税。

如果企业及其财会人员不了解该项税收政策，还是按照原来的月销售额不超过 3 万元的标准行事，或者以为只要月销售额超过 10 万元就不能免征增值税，就会使企业缴纳本不该缴纳的增值税，给企业造成经济损失，这就使企业面临税费损失的风险。

小规模纳税人月销售额未超过 10 万元的，当期因开具增值税专用发票已经缴纳的税款，在增值税专用发票全部联次追回或者按规定开具红字专用发票后，可以向主管税务机关申请退还。

如果企业及其财会人员不了解该税收政策，不知道要将已经缴纳的税款进行追回处理，就会使企业面临损失税费的风险。

2019 年 2 月，国家税务总局发布了《关于调整增值税专用发票防伪措施有关事项的公告》，规定的部分内容如下：

取消光角变色圆环纤维、造纸防伪线等防伪措施，继续保留防伪油墨颜色擦可变、专用异型号码、复合信息防伪等防伪措施。税务机关库存和纳税人尚未使用的增值税专用发票可以继续使用。

如果企业及其财会人员不了解这项规定，很容易接收到无效发票而不自知，或者认为企业内部的发票不能再使用，这些都可能导致企业发生乱用增值税专用发票的情况，有潜在的税务风险。

2019 年 3 月，财政部、税务总局和海关总署联合发布了《关于深化增值税改革有关政策的公告》，其中包括下列新规定：

增值税一般纳税人发生增值税应税销售行为或者进口货物，原适用 16% 税率的，税率调整为 13%；原适用 10% 税率的，税率调整为 9%。

纳税人购进农产品，原适用 10% 扣除率的，扣除率调整为 9%。纳税人购进用于生产或者委托加工 13% 税率货物的农产品，按照 10% 的扣除率计算进项税额。

原适用 16% 税率且出口退税率为 16% 的出口货物劳务，出口退税率调整为 13%；原适用 10% 税率且出口退税率为 10% 的出口货物、跨境应税行为，出口退税率调整为 9%。

适用 13% 税率的境外旅客购物离境退税物品，退税率为 11%；适用 9% 税率的境外旅客购物离境退税物品，退税率为 8%。

如果企业及其财会人员对上述这些新规定不了解，依然按照原来的适用税率计算缴纳增值税，会使企业多缴纳增值税税款，给企业造成经济损失。这种使企业面临税费损失的可能性就是风险。

自 2019 年 4 月 1 日起，《营业税改征增值税试点有关事项的规定》（财税〔2016〕36 号印发）第一条第（四）项第 1 点、第二条第（一）项第 1 点停止执行，纳税人取得不动产或者不动产在建工程的进项税额不再分 2 年抵扣。此前按照分两年抵扣的规定尚未抵扣完毕的待抵扣进项税额，可自 2019 年 4 月税款所属期起从销项税额中抵扣。

如果企业及其财会人员不了解这项规定，还是按照原来的规定将取得不动产或不动产在建工程的进项税额分两年抵扣，就会使原本可以一次性抵扣的进项税额分成两年抵扣，虽然从扣除总额上来看没有多大区别，但货币有时间价值，分两年抵扣就会使企业在第一年少抵扣进项税额，从而多缴纳增值税税款，这部分多缴纳的增值税税款对应的货币时间价值就是企业的损失。

自 2019 年 4 月 1 日至 2021 年 12 月 31 日，允许生产、生活性服务业纳税人按照当期可抵扣进项税额加计 10%，抵减应纳税额。

如果这类企业及其财会人员不了解该项规定，可能在抵扣进项税额时就会以实际可抵扣的金额进行抵减，而少抵减的部分会使企业多缴纳增值税税款，给企业带来经济损失。

2019 年 9 月底，财政部和税务总局发布了《关于明确生活性服务业增值税加计抵减政策的公告》，具体规定的内容如下：

2019 年 10 月 1 日至 2021 年 12 月 31 日，允许生活性服务业纳税人按照当期可抵扣进项税额加计 15%，抵减应纳税额。

由此可知，如果这类企业纳税人不能与时俱进地跟着税收政策走，就无法及时了解当前的税收政策的具体规定。如果不知道有这个规定，则纳税人很可能以为生活性服务业还按照 10% 的加计扣除政策执行，那么纳税人的加计扣除就会少 5%，加计扣除少了，就会使企业多缴纳增值税税款，从而造成经济损失。

2019 年 10 月，财政部和税务总局发布了《关于资源综合利用增值税政策的公告》，其中包括下列一些规定。

自 2019 年 9 月 1 日起，纳税人销售自产磷石膏资源综合利用产品，可享受增值税即征即退政策，退税比例为 70%。

如果某企业是生产销售符合条件的磷石膏资源综合利用产品的公司，却不知道有这么一项政策规定，则该享受的退税优惠就会白白丢失，缴纳原本不需要缴纳的增值税，使企业遭受不必要的经济损失。

自 2019 年 9 月 1 日起，将财税〔2015〕78 号文件附件《资源综合利用产品和劳务增值税优惠目录》3.12 "废玻璃" 项目退税比例调整为 70%。

如果生产符合条件的废玻璃的企业不知道这项规定，就会一直以原来的退税比例 50% 核算退税款，这样一来就会使企业获得的退税金额变少，企业将遭受不必要的经济损失。

除此以外，2019 年还发布了很多其他的增值税新规定，企业及其财会人员只有充分了解了这些规定的内容，才能使企业正确地处理税务，防止企业面临税务风险和遭受经济损失。

企业所得税税负新变化

企业所得税从一般性角度来看，税负没有什么新变化，依旧是法定税率 25%，优惠税率 20%、15% 和 10% 等。但是，对于一些特殊行业或地区，企业所得税税负则有细微的变化，下面来了解一些大家比较熟悉的方面。

2020 年 5 月，国家税务总局发布了《关于小型微利企业和个体工商户延缓缴纳 2020 年所得税有关事项的公告》。从该公告的标题就可看出，这一规定只是短暂的，是特殊时期的特殊规定。相关内容如下：

2020 年 5 月 1 日至 2020 年 12 月 31 日，小型微利企业在 2020 年剩余申报期按规定办理预缴申报后，可以暂缓缴纳当期的企业所得税，延迟至 2021 年首个申报期内一并缴纳。在预缴申报时，小型微利企业通过填写预缴纳税申报表相关行次，即可享受小型微利企业所得税延缓缴纳政策。

如果小型微利企业没有正确认识这一规定，就可能错误理解延缓缴纳企业所得税的期限。如果因此没有按时缴纳税费而受到税务机关的处罚，同样也使企业面临税务风险。

2020 年 4 月，财政部、税务总局和国家发展改革委发布了《关于延续西部大开发企业所得税政策的公告》，主要规定内容如下：

自 2021 年 1 月 1 日至 2030 年 12 月 31 日，对设在西部地区的鼓励类产业企业减按 15% 的税率征收企业所得税。本条所称鼓励类产业企业是指以《西部地区鼓励类产业目录》中规定的产业项目为主营业务，且其主营业务收入占企业收入总额 60% 以上的企业。

这项规定的内容与以前相关的内容有很明显的不同。以前的规定是：对设在西部地区以《西部地区鼓励类产业目录》中新增鼓励类产业项目为主营业务，且其当年主营业务收入占企业收入总额70%以上的企业，自2014年10月1日起，可减按15%税率缴纳企业所得税。可以看出，在规定适用的年限和主营业务收入占企业收入总额的比例这两个方面有明显的不同。如果符合条件的企业对这项新规定不了解，就可能发生该享受低税率的收入没有享受到的情况，致使企业多缴纳企业所得税税款。

2019年10月，国家税务总局发布了《关于跨境电子商务综合试验区零售出口企业所得税核定征收有关问题的公告》，部分内容如下：

综试区内的跨境电商企业，同时符合下列条件的，试行核定征收企业所得税办法：

（一）在综试区注册，并在注册地跨境电子商务线上综合服务平台登记出口货物日期、名称、计量单位、数量、单价、金额的；

（二）出口货物通过综试区所在地海关办理电子商务出口申报手续的；

（三）出口货物未取得有效进货凭证，其增值税、消费税享受免税政策的。

综试区内核定征收的跨境电商企业应准确核算收入总额，并采用应税所得率方式核定征收企业所得税。应税所得率统一按照4%确定。

综试区内实行核定征收的跨境电商企业符合小型微利企业优惠政策条件的，可享受小型微利企业所得税优惠政策；其取得的收入属于《中华人民共和国企业所得税法》第二十六条规定的免税收入的，可享受免税收入优惠政策。

如果在综合试验区的跨境电商企业没有认真了解这项政策，就可能错过试行核定征收企业所得税的机会，也就有可能错过按照4%的税率缴纳企业所得税的机会。从内容上看，在综合试验区内实行核定征收的跨境电商企业如果符合小型微利企业优惠政策条件，可享受小型微利企业所得税优惠政策，如果这类企业没有认真研读该项规定，也可能错过享受税收优惠。

快速认识解读个税新政策

2020 年 5 月，国家税务总局发布了《关于小型微利企业和个体工商户延缓缴纳 2020 年所得税有关事项的公告》，部分内容如下：

2020 年 5 月 1 日至 2020 年 12 月 31 日，个体工商户在 2020 年剩余申报期按规定办理个人所得税经营所得纳税申报后，可以暂缓缴纳当期的个人所得税，延迟至 2021 年首个申报期内一并缴纳。其中，个体工商户实行简易申报的，2020 年 5 月 1 日至 2020 年 12 月 31 日期间暂不扣划个人所得税，延迟至 2021 年首个申报期内一并划缴。

也就是说，个体工商户在 2020 年 5 月 1 日至 2020 年 12 月 31 日这段时间内发生的个人所得税，还是按规定办理纳税申报，但税费的缴纳可暂缓，且延迟至 2021 年首个申报期内一并缴纳。同理，个体工商户实行简易申报的，相关税款的扣划也按照同样的时间规定进行延缓。

2020 年 1 月，财政部和税务总局发布了《关于境外所得有关个人所得税政策的公告》，部分内容如下：

居民个人应当依照个人所得税法及其实施条例规定，按照以下方法计算当期境内和境外所得应纳税额：

（一）居民个人来源于中国境外的综合所得，应当与境内综合所得合并计算应纳税额；

（二）居民个人来源于中国境外的经营所得，应当与境内经营所得合并计算应纳税额。居民个人来源于境外的经营所得，按照个人所得税法及其实施条例的有关规定计算的亏损，不得抵减其境内或他国（地区）的应纳税所得额，但可以用来源于同一国家（地区）以后年度的经营所得按中国税法规定弥补；

（三）居民个人来源于中国境外的利息、股息、红利所得，财产租赁所得，财产转让所得和偶然所得（以下称其他分类所得），不与境内所得合并，应当分别单独计算应纳税额。

从规定的内容看，居民个人来源于中国境外的综合所得和经营所得，可以分别与其境内综合所得和经营所得合并计算个人所得税应纳税额；但来源于中国境外的利息、股息、红利所得，财产租赁所得，财产转让所得和偶然所得不能，需区分境内、境外而分别单独计算应纳税额。

居民个人在一个纳税年度内来源于中国境外的所得，依照所得来源国家（地区）税收法律规定在中国境外已缴纳的所得税税额允许在抵免限额内从其该纳税年度应纳税额中抵免。

这项规定是说，居民个人在一个纳税年度内取得的来源于中国境外的所得，如果已经按照相关法律的规定在中国境外缴纳了所得税税额，则这部分已缴税款可以在抵免限额的范围内从其当年的应纳税额中抵免。

2019年12月，财政部和税务总局发布了《关于公益慈善事业捐赠个人所得税政策的公告》，其中一项规定的内容如下：

个人通过中华人民共和国境内公益性社会组织、县级以上人民政府及其部门等国家机关，向教育、扶贫、济困等公益慈善事业的捐赠，发生的公益捐赠支出，可以按照个人所得税法有关规定在计算应纳税所得额时扣除。

该项规定需要认真解读。比如，个人发生的公益捐赠支出，只有通过中华人民共和国境内公益性社会组织、县级以上人民政府及其部门等国家机关，向教育、扶贫和济困等公益慈善事业进行捐赠，才能在计算应纳税所得额时扣除；如果捐赠支出没有通过这些国家机关进行，或者捐赠的范围不符合规定，则捐赠支出不能在计算个人所得税的应纳税所得额时扣除。

"三流一致" 与 "发票虚开"

"三流一致" 与 "发票虚开" 是两个密切相关的概念，也是两个密切相关的事务。下面就来具体了解什么是 "三流一致"，什么是 "发票虚开"。

1. "三流一致"

"三流一致" 中的 "三流" 是指货物流、资金流和发票流，而 "三流一致" 说的是销售方对应有购买方、收款方对应有付款方，同时销售方作为开票方有对应的受票方，并且购买方、付款方必须是同一受票方。一般来说，满足 "三流一致" 情况的，都不属于对外虚开增值税专用发票。

这与国家税务总局在 2014 年 7 月发布的《关于纳税人对外开具增值税专用发票有关问题的公告》的内容有关。相关内容如下：

纳税人通过虚增增值税进项税额偷逃税款，但对外开具增值税专用发票同时符合以下情形的，不属于对外虚开增值税专用发票：

一、纳税人向受票方纳税人销售了货物，或者提供了增值税应税劳务、应税服务；

二、纳税人向受票方纳税人收取了所销售货物、所提供应税劳务或者应税服务的款项，或者取得了索取销售款项的凭据；

三、纳税人按规定向受票方纳税人开具的增值税专用发票相关内容，与所销售货物、所提供应税劳务或者应税服务相符，且该增值税专用发票是纳税人合法取得、并以自己名义开具的。

在该规定中，第一项体现的是货物流，即销售方对应有购买方；第二项体现的是资金流，即收款方对应有付款方；第三项体现的是发票流，即销售方作为开票方向受票方纳税人开具增值税专用发票，开票方有对应的受票方。并且，对外开具增值税发票同时符合这些情形就不属于对外虚开增值税专用发票。同时符合这些情形就是要"三流一致"，所以符合"三流一致"的增值税专用发票的开具一般不属于虚开增值税专用发票。

如果纳税人（指销售方，下同）只是向受票方（指购买方，下同）纳税人销售了货物，或者提供了增值税应税劳务或服务，并没有向受票方纳税人收取货款，却向受票方开具了增值税专用发票，则有可能属于虚开增值税专用发票。

同理，如果纳税人向受票方纳税人收取了货款，并没有向受票方销售货物，或者提供增值税应税劳务或服务，却向受票方开具了增值税专用发票，并以此确认了销售收入，则也有可能属于虚开增值税专用发票。

但是，实务中并不是绝对的。比如销售方向购买方销售了货物，但是因为购买方资金周转问题而没有立即向销售方支付货款，销售方也向购买方开具了增值税专用发票，此时也不能说销售方的行为是虚开增值税专用发票。

判断企业是否虚开增值税发票更准确的依据是，查看发票记载的经济业务或事项是否真实存在，同时发票上注明的购货方信息是否真实。

2. "发票虚开"

"发票虚开"即虚开发票，指不如实开具发票的一种舞弊行为，是纳税单位和个人为了达到偷税目的或购货单位为了某种需要而在商品交易过程中开具发票时，在商品名称、商品数量、商品单价及净额上采取弄虚作假的手段，甚至利用较熟悉的人际关系虚构交易事项、虚开发票的违法操作。具体的虚开发票的手段有虚假品名、虚假价格、虚假数量和假票真开四种。

虚开发票给企业带来的财务风险，提高了各种危害发生的可能性。这些危害包括但不限于以下五点：

◆ 套取企业的现金为个人牟利。

◆ 形成商业贿赂，助长不正之风。

◆ 通过虚构消费项目为小团体牟利。

◆ 使部分财政资金流失。

◆ 增加了企业的成本，减少了税费的缴纳。

那么对企业来说，应该如何应对虚开发票可能给企业带来的财务风险呢？可从以下五个方面入手：

◆ **加强发票管理**：税务机关对普通服务性发票的领取与核销加大控制力度，并会同其他监管部门对服务行业进行经常性的检查。

◆ **强化宣传力度**：要让纳税人树立正确的经营理念，充分认识虚开发票行为的违法性、危害性和所需承担的法律责任等。

◆ **做好建章立制**：企业自身要建立一定的规章制度，对报销凭证、审批手续、票据使用和购买物品登记各个环节的操作规程做出规定，明确提出票据内容不具体、不明确的不予报销等具体要求。

◆ **严格控制支出**：做好企业的费用支出管理，必要时实行每月支出最高限额管理，超出部分当月不予报销，并向后累积。

◆ **加大监督力度**：企业要和客户进行双向检查，一经发现虚开发票，从重处理。

根据《中华人民共和国发票管理办法》的规定可知，违反本办法第二十二条第二款的规定虚开发票的，由税务机关没收违法所得；虚开金额在 1 万元以下的，可以并处 5 万元以下的罚款；虚开金额超过 1 万元的，并处 5 万元以上50 万元以下的罚款；构成犯罪的，依法追究刑事责任。

💣 **提醒**

《中华人民共和国发票管理办法》第二十二条：开具发票应当按照规定的时限、顺序、栏目，全部联次一次性如实开具，并加盖发票专用章。任何单位和个人不得有下列虚开发票行为。

①为他人、为自己开具与实际经营业务情况不符的发票。

②让他人为自己开具与实际经营业务情况不符的发票。

③介绍他人开具与实际经营业务情况不符的发票。

"小微企业"与"小型微利企业"

"小微企业"和"小型微利企业"虽只有两字之差，却是两种不同类型的企业。

1. 小微企业

小微企业是小型企业、微型企业和家庭作坊式企业的统称，不同行业对小微企业的划分标准是不同的，具体内容见表7-1。

表7-1　不同行业中小微企业的划分标准

行　业	小微企业的定义标准
农、林、牧、渔业	50万元≤营业收入 < 500万元，为小型企业；营业收入 < 50万元，为微型企业
工业	从业人员≥20人，且营业收入≥300万元，为小型企业；从业人员 < 20人或营业收入 < 300万元，为微型企业
建筑业	营业收入≥300万元，且资产总额≥300万元，为小型企业；营业收入 < 300万元或资产总额 < 300万元，为微型企业
批发业	从业人员5人及以上，且营业收入1 000万元及以上的为小型企业；从业人员5人以下或营业收入1 000万元以下的为微型企业
零售业	从业人员≥10人，且营业收入≥100万元，为小型企业；从业人员 < 10人或营业收入 < 100万元，为微型企业

续表

行　业	小微企业的定义标准
交通运输业	从业人员 ≥ 20 人，且营业收入 ≥ 200 万元，为小型企业；从业人员 < 20 人或营业收入 < 200 万元，为微型企业
仓储业	从业人员 ≥ 20 人，且营业收入 ≥ 100 万元，为小型企业；从业人员 < 20 人或营业收入 < 100 万元，为微型企业
邮政业	从业人员 ≥ 20 人，且营业收入 ≥ 100 万元，为小型企业；从业人员 < 20 人或营业收入 < 100 万元，为微型企业
住宿业	从业人员 ≥ 10 人，且营业收入 ≥ 100 万元，为小型企业；从业人员 < 10 人或营业收入 < 100 万元，为微型企业
餐饮业	从业人员 ≥ 10 人，且营业收入 ≥ 100 万元，为小型企业；从业人员 < 10 人或营业收入 < 100 万元，为微型企业
信息传输业	从业人员 ≥ 10 人，且营业收入 ≥ 100 万元，为小型企业；从业人员 < 10 人或营业收入 < 100 万元，为微型企业
软件和信息技术服务业	从业人员 ≥ 10 人，且营业收入 ≥ 50 万元，为小型企业；从业人员 < 10 人或营业收入 < 50 万元，为微型企业
房地产开发经营	营业收入 ≥ 100 万元，且资产总额 ≥ 2 000 万元，为小型企业；营业收入 < 100 万元或资产总额 < 2 000 万元，为微型企业
物业管理	从业人员 ≥ 100 人，且营业收入 ≥ 500 万元，为小型企业；从业人员 < 100 人或营业收入 < 500 万元，为微型企业
租赁和商务服务业	从业人员 ≥ 10 人，且资产总额 ≥ 100 万元，为小型企业；从业人员 < 10 人或资产总额 < 100 万元，为微型企业
其他行业	从业人员 ≥ 10 人，为小型企业；从业人员 < 10 人，为微型企业

2. 小型微利企业

小型微利企业指从事国家非限制和禁止行业，且同时符合年度应纳税所得额不超过 300 万元、从业人数不超过 300 人以及资产总额不超过 5 000 万元这三个条件的企业。

从定义上看，小型微利企业与小微企业有着明显的区别。小微企业在不同行业中的标准是不同的，而小型微利企业不分行业，是一个统一的划分标准。另外，很多税收优惠政策针对的都是小型微利企业，很少有关于小微企业的税收优惠。

比如前面内容提及的小型微利企业在特殊时期的企业所得税暂缓缴纳，还有关于应纳税所得和适用税率等方面的优惠，具体内容如下：

《财政部 税务总局关于实施小微企业普惠性税收减免政策的通知》（财税〔2019〕13号）：

自2019年1月1日至2021年12月31日，对小型微利企业年应纳税所得额不超过100万元的部分，减按25%计入应纳税所得额，按20%的税率缴纳企业所得税；对年应纳税所得额超过100万元但不超过300万元的部分，减按50%计入应纳税所得额，按20%的税率缴纳企业所得税。

3. 小微企业与小型微利企业的区别

根据国家税务总局针对《小微企业普惠性税收减免政策问答》的内容，可知小微企业与小型微利企业之间的不同。

"小微企业"是一个习惯性叫法，没有严格意义上的界定，目前所说的"小微企业"是相对于"大中企业"来讲的。如果要找一个比较接近的解释，那就是工信部、国家统计局、发展改革委和财政部于2011年6月发布的《中小企业划型标准》，根据企业从业人员、营业收入、资产总额等指标，将16个行业的中小企业划分为中型、小型、微型三种类型，小微企业可以理解为其中的小型企业和微型企业。

而"小型微利企业"的出处是企业所得税法及其实施条例，指的是符合税法规定条件的特定企业，其特点不只体现在"小型"上，还要求"微利"，主要表现在企业所得税优惠政策方面。经过几次政策变化，小型微利企业标准不断提高，范围不断扩大。据有关数据显示，至 2019 年初，小型微利企业标准提高以后，符合小型微利企业条件的企业占所有企业所得税纳税人的比重约为 95%，即 95% 的企业都是企业所得税上的"小型微利企业"。

正确的网络发票管理办法

网络发票是国家税务总局的统一标准发票，从类型上看比传统纸质发票少很多，只分为两大类：电子专用发票和电子通用发票。电子专用发票主要指建筑安装发票和不动产销售发票；电子通用发票则是在其他行业通用的发票。

网络发票是一种典型的网络类税控手段，其发挥税控作用的基本原理如下：

◆ 纳税人外购货物和劳务，要取得网络发票进行计税扣除（成本和进项税额等，下同），这样就会督促销售方纳税人办理交易信息申报登记手续。

◆ 购买方取得的网络发票（发票联）与销售方取得的网络发票（记账联）完全一致。

◆ 税务机关根据网络发票的记账联控制纳税人申报的应税收入。

◆ 税务机关根据网络发票的发票联控制纳税人的计税扣除。

使用网络发票的好处有如下三点：

◆ **节约应用成本**：网络发票以单联式为主体，可省 2/3 工本费。另外，可以省去税控设备的购买费和定期维护费用。

◆ **更好地控制发票**：发票使用者可随时打电话检验发票的真伪，控制发票作假，实现发票管控税收的目的。同时也便于企业进行会计核算，提高财税管理工作的效率。

◆ **发票抽奖更简单方便**：通过网络直接将发票数据导入抽奖系统，无须消费者人工录入，只需提供一个电话号码就能参与抽奖。

虽然网络发票种类很少，但使用者也要明白，网络发票和传统发票一样，也有规范的使用规则。2018年，国家税务总局对《网络发票管理办法》进行了修正，具体内容如下：

第一条 为加强普通发票管理，保障国家税收收入，规范网络发票的开具和使用，根据《中华人民共和国发票管理办法》规定，制定本办法。

第二条 在中华人民共和国境内使用网络发票管理系统开具发票的单位和个人办理网络发票管理系统的开户登记、网上领取发票手续、在线开具、传输、查验和缴销等事项，适用本办法。

第三条 本办法所称网络发票是指符合国家税务总局统一标准并通过国家税务总局及省、自治区、直辖市税务局公布的网络发票管理系统开具的发票。

国家积极推广使用网络发票管理系统开具发票。

第四条 税务机关应加强网络发票的管理，确保网络发票的安全、唯一、便利，并提供便捷的网络发票信息查询渠道；应通过应用网络发票数据分析，提高信息管税水平。

第五条 税务机关应根据开具发票的单位和个人的经营情况，核定其在线开具网络发票的种类、行业类别、开票限额等内容。

开具发票的单位和个人需要变更网络发票核定内容的，可向税务机关提出书面申请，经税务机关确认，予以变更。

第六条 开具发票的单位和个人开具网络发票应登录网络发票管理系统，如实完整填写发票的相关内容及数据，确认保存后打印发票。

开具发票的单位和个人在线开具的网络发票，经系统自动保存数据后即完成开票信息的确认、查验。

第七条 单位和个人取得网络发票时，应及时查询验证网络发票信息的真实性、完整性，对不符合规定的发票，不得作为财务报销凭证，任何单位和个人有权拒收。

第八条　开具发票的单位和个人需要开具红字发票的，必须收回原网络发票全部联次或取得受票方出具的有效证明，通过网络发票管理系统开具金额为负数的红字网络发票。

第九条　开具发票的单位和个人作废开具的网络发票，应收回原网络发票全部联次，注明"作废"，并在网络发票管理系统中进行发票作废处理。

第十条　开具发票的单位和个人应当在办理变更或者注销税务登记的同时，办理网络发票管理系统的用户变更、注销手续并缴销空白发票。

第十一条　税务机关根据发票管理的需要，可以按照国家税务总局的规定委托其他单位通过网络发票管理系统代开网络发票。

税务机关应当与受托代开发票的单位签订协议，明确代开网络发票的种类、对象、内容和相关责任等内容。

第十二条　开具发票的单位和个人必须如实在线开具网络发票，不得利用网络发票进行转借、转让、虚开发票及其他违法活动。

第十三条　开具发票的单位和个人在网络出现故障，无法在线开具发票时，可离线开具发票。

开具发票后，不得改动开票信息，并于 48 小时内上传开票信息。

第十四条　开具发票的单位和个人违反本办法规定的，按照《中华人民共和国发票管理办法》有关规定处理。

第十五条　省以上税务机关在确保网络发票电子信息正确生成、可靠存储、查询验证、安全唯一等条件的情况下，可以试行电子发票。

第十六条　本办法自 2013 年 4 月 1 日起施行。

了解网络发票的管理办法，可使网络发票使用者更规范地使用发票，防止出现发票使用不当的行为，给企业带来财税风险。

企业的"有限责任"与"无限责任"

我国《公司法》规定，将我国企业分为有限责任公司和股份有限公司。但无论是责任公司还是股份公司，它们都是"有限责任"，即股东对公司承担的责任是有限的，并以其出资额为限。同理，无限责任公司指股东对公司及其债务承担的责任是无限的。

从定义就可以看出，有限责任公司与无限责任公司的不同。下面就从有限责任公司与无限责任公司的不同点来了解企业的"有限责任"和"无限责任"，具体内容见表7-2。

表7-2　有限责任公司与无限责任公司

不同点	有限责任公司	无限责任公司
责任不同	股东对公司承担的责任是有限的，并以其出资额为限。当公司资产不足以偿还其所欠债务时，股东无须承担连带清偿责任，即不需要股东替公司还债	股东对公司及其债务承担无限连带责任。当公司资产不足以偿还其所欠债务时，由股东承担清偿责任，即需要股东替公司还债。在我国，不允许设立无限责任公司，但允许设立承担无限责任的企业，如个人独资企业、合伙企业
经营特点不同	设立程序比较简单，不必发布公告，不必公布账目，尤其是公司的资产负债表一般不予公开，公司内部机构设置灵活	是建立在成员相互信赖的基础上的少数小的共同企业形式，组织手续较简单，不要求具备最低的资本总额
股东之间关系	股东之间是出资人之间的关系，负有相互协作维护公司利益的共同义务，但股东之间隐藏竞争关系	公司的经营情况直接关系每个股东的全部财产利益，因此股东们会合力经营，股东之间关系密切

💣 **提醒**

个人独资企业和合伙企业虽然都是企业，但因为这些企业不是独立法人，所以不能成为公司，且由企业业务直接承担无限连带的企业责任。虽然个人独资企业和合伙企业不是无限责任公司，但属于股东承担无限责任的企业。

由此可知，企业的"有限责任"和"无限责任"的主要区别在于股东对于企业或公司的债务所承担的责任上。

合同中应该说好哪些"丑话"避免风险

合同中的"丑话"一般是指用来避免合同纠纷或者处理合同纠纷的规定，通俗点讲，类似于我们在合同中对签订合同双方的责任和义务进行的说明以及违约责任的明确，或者是对未尽事宜的处理说明等。

下面以一般的购销合同为例，介绍合同中应该提前说好的"丑话"大概有哪些，帮助签订合同的双方防范和应对合同风险。

◆ 购货方收到的货物不符合要求怎么办

合同中要明确说明购货方收到的货物不符合要求的处理办法。一般来说，经查明货物不符合要求的主要责任在于销售方，则合同需规定由销售方弥补购货方的损失或者重新为购货方发货等；如果查明主要责任在购货方，则合同也需要规定这种情况由购货方自行承担货物不符合要求的结果。

把关于货物不符合要求的相关"丑话"进行说明，可明确购销双方的责任，防止当货物不符合要求时双方推卸责任而给不应承担责任的一方引发经济损失风险。

◆ 明确货物运输方、运输方式和运费承担者

销售方售出的货物由谁运输，是销货方运送至购货方，还是购货方自行到

销货方处提货，这是需要明确的；售出的货物是用大货车运输，还是用小卡车运输，也需要明确；售出货物的运输费用是由销货方承担，还是由购货方承担，这个问题必须明确。

把关于货物的运输问题说明清楚，使购销双方明确各自是否需要承担运输费用，防止双方在购销业务后期因为运输费用的问题产生纠纷。

◆ 常见的违约责任要明确

合同中要同时明确甲乙双方（即购销合同中的购货方和销货方）的违约责任，既保护甲方的权益，也要保护乙方的权益。一般的违约责任说明内容如下：

①甲方中途退货，应向乙方偿付退货部分货款的约定比例的违约金。

②甲方逾期付款的，应按中国人民银行有关延期付款的规定向乙方偿付逾期付款的违约金。

③乙方不能交货的，应向甲方偿付不能交货部分货款的约定比例的违约金。

④乙方逾期交货的，应怎么办。比如应比照中国人民银行有关延期付款的规定，按逾期交货部分货款计算，向甲方偿付逾期交货的违约金，并承担甲方因此所受的损失费用。

⑤产品错发到货地点或接货人的，按规定乙方除了应负责运交合同规定的到货地点或接货人外，还应承担甲方因此多支付的一切实际费用和逾期交货的违约金。

明确了违约责任，才能约束甲乙双方的行为，一方面让其知道违约了就要承担责任，另一方面提醒合同双方不要违约。这样防止合同双方面临因为违约事宜而遭受经济损失的风险，或者减轻风险。

◆　要对不可抗力造成的影响和处理办法进行说明

不可抗力是签订合同双方都无法控制和避免的原因，因此，并不能把不可抗力造成的损失归咎于甲方，或者归咎于乙方。为了明确经济责任，合同中就需要对不可抗力的相关事宜做出详细说明。比如下列所示的某公司签订的购销合同中的"不可抗力"条款内容。

【案例分析】——购销合同中的"不可抗力"条款

甲乙双方的任何一方由于不可抗力而不能履行合同时，应及时向对方通报不能履行或不能完全履行合同的理由，以减轻可能给对方造成的损失，在取得有关机构证明以后，允许延期履行、部分履行或不履行合同，并根据情况，可部分或全部免予承担违约责任。

在合同中明确不可抗力事宜，可使合同双方做到心里有数。一旦合同履行过程中发生不可抗力原因导致合同无法继续履行，合同的一方或双方都可以及时"叫停"，减少损失。

◆　未尽事宜的说明不能少

未尽事宜指合同中没有提及的其他事项，主要起补充说明的作用。合同的订立实际上也是购销双方主观意识的表现和协调结果，难免会有双方在订立合同时都没有想到的问题和事情，但实务中又可能发生。因此为了对这些没有想到但又可能发生的事情也进行控制，就有必要在合同中注明未尽事宜条款，防止这些事情影响合同的履行，给企业带来合同纠纷和经济风险。

未尽事宜的说明一般在不可抗力条款之后，即在合同的结尾部分，包括：

①合同未尽事宜，按照国家相关法律法规执行。

②合同未尽事宜，按照公司相关规定执行。

③合同未尽事宜，双方共同协商。

◆ 说明已发生合同纠纷时如何处理。

该项"丑话"一般在合同的结尾处说明，但有时也作为合同的附则进行列示。

本合同如果发生纠纷，当事人双方应当及时协商解决，协商不成时，任何一方均可请业务主管机关调解或者向仲裁委员会申请仲裁，也可以直接向人民法院起诉。

与不可抗力事宜一样，在合同中事先说明发生合同纠纷时的处理办法，这样一旦合同纠纷真实发生，合同双方就可按合同的规定对纠纷进行规范、有效的处理，及时解决问题，避免购销双方陷入权益无法维护的风险中。

不同类型的交易或事项所形成的合同，需要说明的"丑话"不可能完全一致。因此，订立合同的双方应根据实际情况确定合同的条款，把该说的"丑话"在合同中做好明示。

法人与财务负责人的法律责任

法人与财务负责人都是企业经营管理中的关键"人物"，他们的身上负担着各自的法律责任，下面就来分别了解。

1.法人与其法律责任

法人是具有民事权利能力和民事行为能力，依法独立享有民事权利和承担民事义务的组织。法人不是一个具体的"人"，而是一个组织。这种组织既可以是人的结合团体，也可以是依特殊目的而组织的财产。不同的分类依据下，法人的种类是不同的，相关内容见表7-3。

表 7-3　法人的种类

分类依据	种　　类	说　　明
分类管理的需要	企业法人	从事生产经营并取得法人资格的企业经济组织，如有限公司和股份公司
	机关法人	有独立经费的机关和承担行政职能的法定机构
	事业单位法人	具备法人条件，为适应经济社会发展需要，提供公益服务设立的事业单位
	社会团体法人	具备法人条件，基于会员共同意愿，为公益目的或者会员共同利益等非营利目的设立的社会团体
构成组织的意思表示	社团法人	根据社员的意思来构成法律关系的法人，如公司为股东的集合，工会为会员的集合等
	财团法人	以捐赠者的意思来构成法律关系的法人，如基金会
法人的成立目的	营利法人	以取得利润并分配给股东等出资人为目的成立的法人，为营利法人
	非营利法人	为公益目的或者其他非营利目的成立，不向出资人、设立人或者会员分配所取得利润的法人，为非营利法人

法人的法律责任主要有两大类，相关说明如下：

①法人以其全部财产独立承担民事责任。

②法定代表人责任。一是代表法人——效果归属法人，依照法律或法人章程的规定，代表法人是从事民事活动的负责人，为法人的法定代表人，法定代表人以法人名义从事的民事活动，其法律后果由法人承受；二是限制不得对抗善意相对人，法人章程或法人权力机构对法定代表人代表权的限制，不得对抗善意相对人；三是职务行为——法人担责、内部追偿，法定代表人因执行职务造成他人损害的，由法人承担民事责任，法人承担民事责任后，依照法律或法人章程的规定，可向有过错的法定代表人追偿。

2.财务负责人与其法律责任

财务负责人指一般由总会计师或财务总监担任，全面负责公司的财务管理、会计核算与监督工作的人。严格来说，这一责任人必须有会计师资格，必须从事会计工作多年，经验尽可能丰富。

我国《会计法》对财务负责人所应承担的法律责任作了相关说明，部分内容如下：

◆ 单位负责人（即财务负责人，下同）对本单位的会计工作和会计资料的真实性、完整性负责。

◆ 单位负责人应当保证财务会计报告真实、完整。

◆ 单位负责人应当保证会计机构、会计人员依法履行职责，不得授意、指使、强令会计机构、会计人员违法办理会计事项。

◆ 单位负责人对依法履行职责、抵制违反本法规定行为的会计人员以降级、撤职、调离工作岗位、解聘或者开除等方式实行打击报复，构成犯罪的，依法追究刑事责任；尚不构成犯罪的，由其所在单位或者有关单位依法给予行政处分。对受打击报复的会计人员，应当恢复其名誉和原有职务、级别。

◆ 未按照规定建立并实施单位内部会计监督制度或者拒绝依法实施的监督或者不如实提供有关会计资料及有关情况的，以及任用会计人员不符合本法规定的，可对直接责任人员处二千元以上二万元以下的罚款；属于国家工作人员的，还应当由其所载单位或者有关单位依法给予行政处分；构成犯罪的，依法追究刑事责任。

与一般的会计人员和管理人员相比，法人和财务负责人所承担的法律责任是重大的。为了防止企业陷入财务风险，也为了防止自己陷入经济风险中，法人和财务负责人需要对自身承担的法律责任有深刻的认识和了解。

第8章

税收实务与风险

　　对很多企业甚至事业单位来说，税务工作都是一项比较复杂的工作。由于税的划分、纳税义务人的确认、适用税率的选取以及税额的计算等都很复杂，且容易出错，因此就使企业面临一定的风险，比如少缴税款风险、逾期纳税风险、缴纳税收滞纳金的风险等。要想较好地防范这些税务风险，相关人员就不得不认真学习税收实务和了解税务风险。

纳税申报系统操作指南

在我国，每个省份有自己的国家税务总局电子税务局，在对应的官网上，纳税人可以进行纳税申报。下面以四川省电子税务局为例，简单介绍纳税申报的操作过程。

进入国家税务总局四川省税务局官网，单击"我要办税"按钮，如图 8-1 所示。

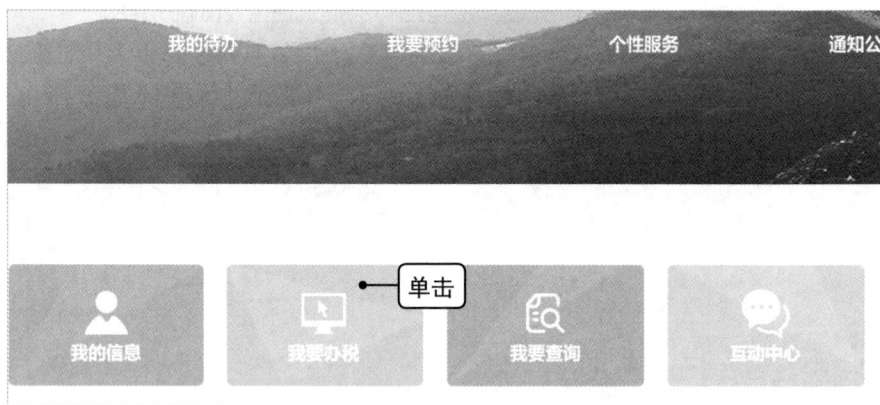

图 8-1　进入网上纳税申报系统登录页面

注意，在该页面中，也可直接通过单击页面右上角的"登录"按钮，进入网上纳税申报系统的登录页面。

系统自动打开登录电子税务局的登录界面，办税人员根据本企业的实际情况选择适用的登录方式，主要有法人登录、自然人登录、第三方登录和自然人电子税务局四种。然后输入企业的社会信用代码、登录密码和短信验证码，选择登录身份，接着单击"登录"按钮，如图 8-2 所示。注意，选择的登录方式不同，需要填写的登录信息就会不同。

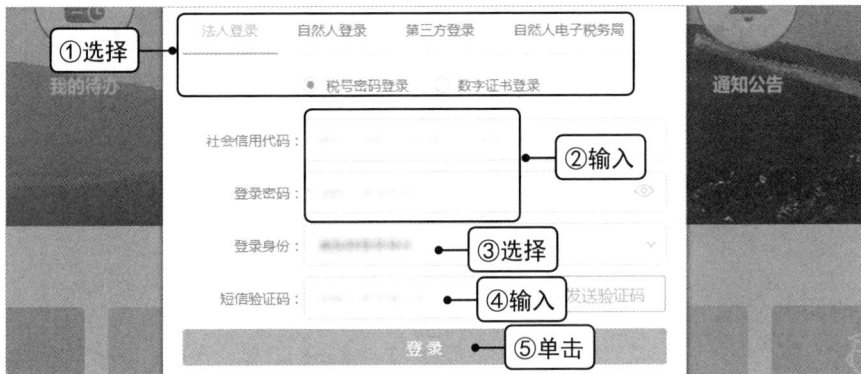

图 8-2　登录纳税人账号

登录后即可进入企业办税页面，如图 8-3 所示。如果当月还有未完成的纳税申报事宜，一般会在页面下方的"我的待办"栏里列示出来，办税人员直接单击需要申报的税种的相关链接，进行相关税目的纳税申报即可。

图 8-3　查看企业的待办事项

上述操作一般用在企业办税人员检查是否有漏报纳税的情形中，但每一会计期间定期进行纳税申报时，通常用另一种方法，即单击办税页面中的"我要办税/税费申报及缴纳"导航按钮，如图 8-4 所示。

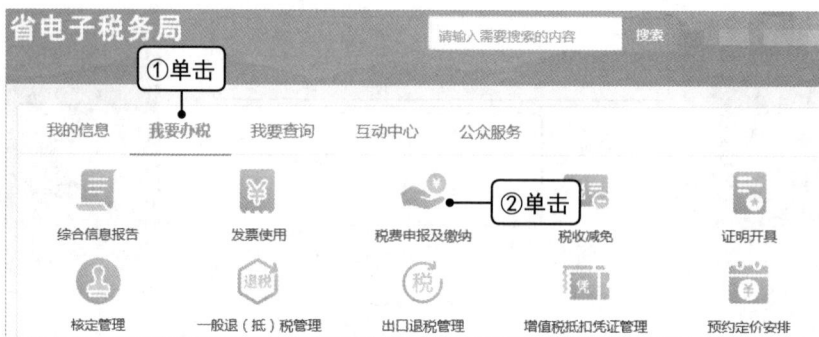

图 8-4 单击"我要办税/税费申报及缴纳"导航按钮

进入企业申报纳税的页面。申报增值税时，一般纳税人需单击"增值税一般纳税人申报"超链接，如图 8-5 所示，而小规模纳税人需单击"增值税小规模纳税人申报"超链接。除此以外，其他特殊性质的纳税人按照自身身份选择对应的超链接进行增值税的纳税申报即可。

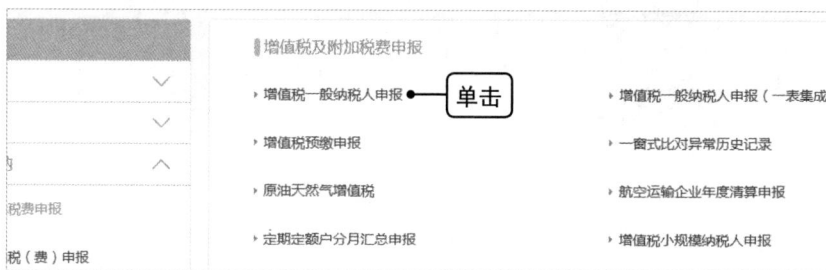

图 8-5 进行增值税一般纳税人纳税申报

如果是一般纳税人进行增值税纳税申报，在单击了"增值税一般纳税人申报"超链接后，办税人员在办理纳税申报时需要填报"一主表四附表"，分别为《增值税纳税申报表（一般纳税人适用）》《增值税纳税申报表附列资料（一）》《增值税纳税申报表附列资料（二）》《增值税纳税申报表附列资料（三）》《增值税纳税申报表附列资料（四）》。

其中，附列资料一是本期销售情况明细表，销售额、销项税额以及服务、不动产和无形资产扣除项目本期实际扣除金额等内容填写在此表中；附列资料二是本期进项税额明细表，包括申报抵扣的进项税额、进项税额转出额以及待抵扣进项税额等内容，这些内容对应的数据一般由系统自动从增值税发票综合服务平台调取，不需要办税人员手动填写；附列资料三是服务、不动产和无形资产扣除项目明细表；附列资料四是税额抵减情况表，预缴的税款以及加计扣除的项目填写在该表中。

按照系统页面的提示完成纳税申报即可缴纳税款。缴纳税款的方式有多种，可以直接在网上选择支付或者由指定银行划转，也可去当地主管税务机关的办税大厅缴纳。

"零"申报是怎么回事儿

这里的"零"指发生的税费为 0 元。"零"申报是指在税务机关办理了税务登记的纳税人和扣缴义务人当期未发生应税行为（即应纳税额为 0 元），按照国家税收法律、行政法规和规章的规定，也应向税务机关办理纳税申报手续，并注明当期无应税事项。

更准确的理解是，在纳税申报的所属期内，纳税人没有发生应税收入（即销售额），同时也没有应纳税额的情况，称为"零"申报。

关于"零"申报，纳税人需要注意如下事项：

◆ 连续 3 个月进行零申报的，会被税务机关认定为属于异常申报，纳税人会被列入重点关注对象。

◆ "零"申报的税务机关就是纳税人进行正常纳税申报的主管税务机关。

◆ 享受免税优惠的纳税人不能进行"零"申报，而应该进行正常的纳税申报，在相关申报表的栏次中填明享受免税。

◆ 发生了增值税进项税额但没有发生增值税销项税额的，也不能进行"零"申报。

◆ 企业经营发生亏损时要慎重选择"零"申报。

下面来看三种常见的错误"零"申报案例。

【案例分析】——享受免税优惠的进行了错误"零"申报

甲公司为小微企业，符合国家规定的小微企业普惠性税收减免政策，即对月销售额 10.00 万元及以下的增值税小规模纳税人，免征增值税。已知甲公司当月实现销售收入为 8.00 万元，公司办税人员认为本企业符合免征增值税的规定，既然免征，就进行了增值税"零"申报。

在该案例中，公司的办税人员陷入了"月销售额未超过 10.00 万元只需零申报"的误区。但实际上，按照相关规定，纳税人在享受国家税收优惠的同时，应向主管税务机关如实申报纳税。正确的操作是：计算出不含税收入，再用不含税收入算出应缴纳增值税，最后在申请表的相应栏次填明享受免税的情况。

【案例分析】——只有进项税额而没有销项税额的错误"零"申报

乙公司是一家刚成立的企业，第一个月只购买了经营用的一些设备、办公用品等，取得了增值税专用发票，进项税额合计近 6 000.00 元。但是由于第一个月没有经营收入，因此最终不需要缴纳增值税。相关办税人员自认为既然不需要缴纳增值税，那就进行增值税"零"申报。

乙公司在成立的当月，虽然没有取得经营收入，没有需要缴纳的增值税税费，但是存在增值税进项税额，所以还是进行正常的纳税申报，只不过在《增值税纳税申报表附列资料（一）》中各项销售数据都填写 0。为什么呢？

因为如果乙公司因没有发生销售而办理"零"申报，则可能使未抵扣的进项税额逾期抵扣，最终可能出现无法抵扣的情况。正确的操作是：在进行增值税纳税申报时，在对应的销售额栏次内填写 0，把当期已经认证的进项税额 6 000.00 元填入申报表的进项税额栏次中，由此产生的期末留抵税额，在下一会计期间继续抵扣。

【案例分析】——发生经营亏损进行的错误"零"申报

丙公司由于自身经营不善，连续 3 个月处于经营亏损的状态，于是连续 3 个月向主管税务机关申请了"零"申报。主管税务机关根据相关税法的规定，将该公司列入了重点关注对象。在第 4 个月，丙公司进行网上纳税申报时，发现本公司被挂在了"经营异常企业"的栏目内。

企业连续 3 个月进行"零"申报，不仅会被税务机关列入重点关注对象，还可能使企业发生的亏损不能在后续会计年度内进行弥补。为什么呢？因为一旦纳税人进行了"零"申报，就表明纳税人当期没有发生应税行为，无法体现出企业的亏损，在账务处理时就会认定为不存在以前年度亏损，也就没有弥补以前年度亏损的说法。但由于企业确实发生了亏损，因此如果进行"零"申报，就会给企业造成经济损失。

另外，从税法的角度看，如果企业当期进行了企业所得税"零"申报，并且将当期亏损延迟到以后年度扣除，这种做法是违反税法规定的，所以经营亏损的企业要慎重"零"申报。

由上述三个案例可知，企业只有在未发生任何应税行为时进行"零"申报才不会给企业引发财务风险。对于企业享受免税优惠、销项税额为 0 以及经营亏损等情况，还是尽可能地进行正常的纳税申报。

增值税账务处理及申报要点

增值税是以商品或劳务在流转过程中产生的增值额为计税依据而征收的一种流转税。该税种的账务处理可分成增值税进项税额的处理和销项税额的处理两大类。增值税是我国 18 个税种中一个比较大的税种，不仅账务处理复杂，纳税申报也有很多要点需要纳税人明确。本小节就对增值税的账务处理和申报要点作简单说明。

1. 增值税进项税额的核算

增值税进项税额只针对增值税一般纳税人而言，一般在采购物资、收回委托加工物资以及进口货物等环节发生。小规模纳税人在这些环节中被销售方或受托方代收的增值税税额不单独核算为增值税进项税额，而是直接计入所购物资或收回物资的入账成本（价值）中。

注意，这是一般纳税人和小规模纳税人在核算增值税时的区别，是很容易引发财务风险的点。如果小规模纳税人将不能单独核算的增值税税额做了增值税进项税额的单独核算，就会使企业多抵扣增值税额，从而使最终应缴纳的增值税税费减少，企业容易陷入偷逃税款的风险中。

①纳税人发生增值税进项税额时，借记"应交税费——应交增值税（进项税额）"科目，贷记"银行存款"科目。

【案例分析】——采购原材料核算增值税进项税额

某公司当月采购原材料共计 8.50 万元（不含税），收到的增值税专用发票上注明的税率和税额分别为 13% 和 11 050.00 元，款项尚未支付。财会人员收到发票时应核算增值税进项税额并编制如下会计分录：

借：原材料   85 000.00

      应交税费——应交增值税（进项税额）   11 050.00

       贷：应付账款——××公司   96 050.00

②如果纳税人发现自己前期已经抵扣的增值税进项税额实际上不能抵扣，则需要对已经抵扣了的增值税进项税额做转出处理，借记"原材料"或"委托加工物资"等科目，贷记"应交税费——应交增值税（进项税额转出）"科目。也就是将已抵扣但实际不能抵扣的增值税进项税额重新计入购入物资的入账成本中。

如果应该进行进项税额转出的增值税没有做转出处理，就可能使企业少缴纳增值税税款，依然容易使企业陷入偷逃税款的风险中。

【案例分析】——采购原材料改变用途时的增值税进项税额转出

如果上一个案例中的公司将其购进的 8.50 万元的原材料全部用于生产员工集体福利产品，则因为原材料改变了用途，所以对应的增值税进项税额需要做转出处理。财会人员在收到材料领用单时编制如下会计分录：

借：应付职工薪酬——非货币性福利　　　　　　　　96 050.00

　　贷：原材料　　　　　　　　　　　　　　　　　85 000.00

　　　　应交税费——应交增值税（进项税额转出）　11 050.00

2. 增值税销项税额的核算

增值税销项税额是在销售环节发生的增值税，与增值税进项税额相对。对于没有增值税进项税额的小规模纳税人来说，在销售环节核算出的增值税税额理论上就是应缴纳的增值税税额。

当纳税人发生增值税销项税额时，借记相关科目，贷记"应交税费——应交增值税（销项税额）"科目。

【案例分析】——销售产品时核算增值税销项税额

某企业当月实现销售收入共 50.00 万元（不含税），对外开出增值税专用发票，注明税率均为 13%。已知当月销售产品的实际成本为 35.00 万元，款项尚未收到。在开具增值税专用发票时，财会人员应核算增值税销项税额并确认收入、结转成本，同时编制如下会计分录：

增值税销项税额 =500 000.00×13%=65 000.00（元）

借：应收账款——××　　　　　　　　　　　　　565 000.00

　　贷：主营业务收入　　　　　　　　　　　　500 000.00

　　　　应交税费——应交增值税（销项税额）　　65 000.00

借：主营业务成本　　　　　　　　　　　　　　350 000.00

　　贷：库存商品　　　　　　　　　　　　　　350 000.00

注意，如果是小规模纳税人，则上述案例中第一个会计分录中核算增值税的科目应写为"应交税费——应交增值税"。

3.增值税的纳税申报要点

增值税的纳税申报要点主要包括纳税期限、纳税申报时间、纳税申报流程以及申报表和附列资料的填写规则等。

◆ 增值税纳税期限

增值税的纳税期限分两大类，即固定期限和按次纳税。固定期限又分为了1日、3日、5日、10日、15日、1个月或者1个季度，具体的纳税期限由税务机关根据纳税人应纳税额的大小分别核定，不能按照固定期限纳税的可以按次纳税。

◆ 增值税纳税申报时间

以1个月或1个季度为一个纳税期的，纳税人自期满之日起15日内申报纳税；以1日、3日、5日、10日或15日为一个纳税期的，纳税人自期满之日起5日内预缴税款，于次月1日起15日内申报纳税，并结清上月应纳税款。

◆ 纳税申报流程

可能很多纳税人不知道，在进行纳税申报前，还有一项工作是必须要做的，那就是抄报税。图8-6是纳税申报的一般流程。

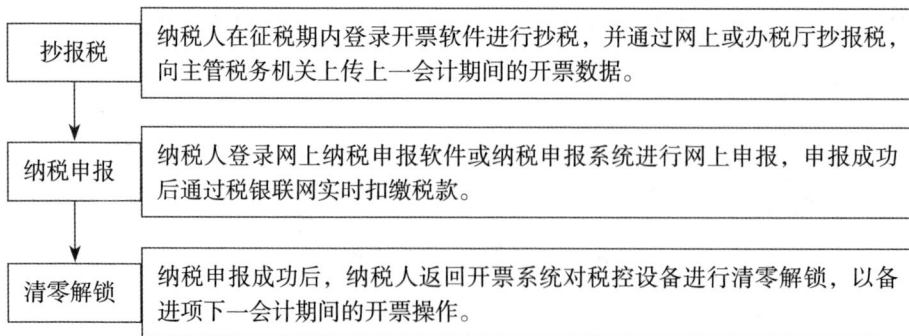

抄报税	纳税人在征税期内登录开票软件进行抄税，并通过网上或办税厅抄报税，向主管税务机关上传上一会计期间的开票数据。
纳税申报	纳税人登录网上纳税申报软件或纳税申报系统进行网上申报，申报成功后通过税银联网实时扣缴税款。
清零解锁	纳税申报成功后，纳税人返回开票系统对税控设备进行清零解锁，以备进项下一会计期间的开票操作。

图8-6　增值税纳税申报的一般流程

◆　增值税的纳税申报表和附列资料的填写规则

在纳税人进行增值税纳税申报时，前述提及的增值税纳税申报表和相关附列资料都是必填表格，不管有没有数据，办税人员都要打开相应报表并如实填写数据完成保存。另外，减免税申报明细表是选填表，如果纳税人没有发生相关事宜，可不用填写该表。在填写时还需要注意如下事项：

①增值税纳税申报的主表应最后填写，这样主表上相应的销项税额和进项税额等数据可直接调取附表中的数据。

②反映纳税人当期的销项数据的附表一中，有关联次的数据与附表三中差额征税的数据会有钩稽关系，填写时需提高警惕。

③反映纳税人当期进项税额明细的附表二，如果是海关进口增值税专用缴款书纳税人填写，则填写时系统会将纳税人申报数据与海关稽核系统数据进行对比。

纳税人只有做好增值税的税务处理，明确纳税申报时间、纳税期、纳税申报流程和申报表的填写，才能更好地完成纳税申报工作，防止企业陷入税务风险。

企业创立阶段办税指南

企业创立阶段的办税流程可总结为五个步骤：企业工商登记、税务事项备案、税种登记及发票申领、一般纳税人资格认定和税控设备的财税处理。

1. 企业工商登记

在该阶段，企业主要解决开业前要去哪里审批？新企业怎么注册？新企业如何选址？如何让企业在税收测算中获益等问题。

企业办事人员到企业经营所在地的工商局办理营业执照时，通常需要提交的资料有由法定代表人亲笔签署的企业设立登记申请书、由公司全体股东共同签署的公司章程、企业名称预先核准通知书、指定（委托）书和补充信息登记表等。

营业执照办理完毕后，还要持营业执照到公安局指定的刻章社刻制企业公章、财务专用章、发票专用章和合同专用章等。接着还要选择开户银行开立企业的基本存款账户。最后还要到经营所在地的社保局和公积金管理中心办理社保和住房公积金登记手续。

2. 税务事项备案

企业办税人员在领取营业执照后的 30 日内，需要去经营所在地主管税务机关办理开业税务登记，如实上报企业的相关信息，包括基本信息和其他需要说明的重要信息。具体有五项手续需要办理：

◆ 企业"五证合一"补充信息采集。

◆ 财务会计制度及核算软件备案报告。

◆ 存款账户账号报告。

◆ 银税协议维护。

◆ 财务负责人及办税人员信息备案。

3. 税种登记及发票申领

在税务机关办理好开业税务登记后，办税人员根据企业的经营范围和可能涉及的税种，进行税种登记，并向税务机关申请领购发票。

在该环节，纳税人需填写纳税人税种登记表，税务机关对该表和其他有关资料进行备案后，对纳税人适用的税种、税目、税率、纳税期限和纳税方法等做出确认，并以此作为办税的依据。

接着，主管税务机关会根据纳税人的经营范围和规模，确认领购发票的种类、数量和领购方式，在五个工作日内向纳税人发放发票领购簿。

4. 一般纳税人资格认定

企业办税人员根据本企业的经营范围和发展需要，向主管税务机关申请认定为增值税一般纳税人或小规模纳税人。

纳税人身份的确定会影响企业日后进行的纳税申报工作和税费缴纳工作，因此资格认定一定要谨慎。

5. 税控设备的财税处理

前述手续办理完毕后，企业办税人员需要为本企业购置税控设备。

企业端使用的是税控发票开票软件（金税盘版），该系统运用信息加密和电子信息储存技术，强化增值税发票的防伪功能，实现对增值税一般纳税人税源监控，主要用于企业开具增值税专用发票、增值税普通发票、货物运输业增值税专用发票和机动车销售统一发票。

经过上述操作流程后，创立阶段的企业办税手续就基本上完成了。

金税四期下财税工作的便利与风险防控

金税四期是在金税三期的基础上发展而来，是国家税务总局用来进行税收管理的信息系统工程，它不仅采用了比较完善的大数据评估和云计算，通过互联网打通工商局、税务局、社保局、国家统计局、银行、公安局和质监局等行政管理部门之间的壁垒，达到"行政监管、一号连控"的效果，而且还会纳入"非税"业务，实现对业务更全面的监控。

金税四期有着金税三期的特点，即"一个平台、两级处理、三个覆盖、四个系统"，同时还搭建了信息共享与核查通道，实现了信息核查功能，具体介绍见表 8-1。

表 8-1　金税四期的特点

目　　标	解　　释
一个平台	指包含网络硬件和基础软件的统一的技术基础平台
两级处理	指依托统一的技术基础平台，逐步实现数据信息在总局和省局集中处理
三个覆盖	指应用内容逐步覆盖所有税种、覆盖所有工作环节以及覆盖各地税务局并与相关部门联网
四个系统	指通过业务重组、优化和规范，逐步形成一个以征管业务系统为主，包括行政管理、外部信息和决策支持在内的四大应用系统软件
"非税"业务	对企业的业务实施更全面的监控
信息共享	建立各部委、人民银行以及银行等参与机构之间信息共享和核查的通道
信息核查	企业相关人员手机号码、企业纳税状态、企业登记注册信息核查功能
"云化"打通	实现"税费"全数据、全业务、全流程，为智慧监管、智能办税提供了条件和基础

金税四期管理系统，不仅为财税工作提供了便利，还能反作用于企业，使其更好地防范财税风险。下面从两个方面来具体了解。

1.税务局的大数据评估和云计算平台带来的便利与风险防控

为什么说税务局的大数据评估和云计算平台可以给财税工作带来便利，同时还能防范风险呢？主要体现在四个方面：

◆ 企业的任何经济事项都会在该系统中留下记录，并且金税四期的大数据还会追踪企业的资金流和票据流等。大数据系统会将企业纳税人识别号作为起点，追查同一税号下增值税进项发票和销项发票，一次就可以清楚地知道企业是否存在虚开发票，是否购买假发票入账等情况。

◆ 该系统中的开票软件增加了商品编码，为下一步企业开票的货物流监控预留了接口，可以有效防止企业虚开增值税进项发票来违法抵扣增值税进项税额。

◆ 实施五证合一后，税务、工商、社保、统计和银行等接口，以及个税、社保、住房公积金和银行账户等，都在税务系统中有明确的记录和操作。因此需要税务局大数据评估和云计算平台的支撑，避免企业因接口衔接不合适而办错财税手续，进而给企业带来不必要的经济损失和信用风险。

◆ 金税四期上线后，企业更多的数据将被税务局掌握，监控也呈现全方位、立体化，自欺欺人式的反舞弊手段逐渐失灵，也因此督促了企业不偷、逃、漏税，从而使企业可以有效防范自身陷入财税风险。

2. 金税四期大数据监测企业经营的异常情况

金税四期大数据一般从企业的收入、成本费用、利润、库存、缴纳的税额、银行账户和社保等方面进行监测，实时查看企业经营的异常状况。

◆ 监测收入

金税四期不仅通过企业申报的数据来核实是否异常，还会通过企业的银行账户、企业相关人员的银行账户、上下游企业相关账本数据以及同行业收入、成本、利润情况等来稽查比对。这样一来，就可以对企业利用私户、微信、支付宝等收取货款来隐匿部分收入，或存在大额收款迟迟不开发票，或给客户多开发票等行为进行监查。其中，有三种情况会被重点监管：

①任何账户的现金交易超过 5.00 万元。

②公户转账超过 200.00 万元。

③私户转账超过 20.00 万元（境外）或 50.00 万元（境内）。

◆ 监测成本费用

金税四期管理系统主要监察：主营业务成本长期大于主营业务收入；公司没有车但却存在大量的加油费；差旅费、会议费和咨询费等异常；工资多申报或少申报；买发票；多结转成本，后期冲红或补发票；计提了费用却迟迟没有发票等。

◆ 监测利润

具体监测的异常包括：报送的资产负债表与利润表钩稽关系有出入；利润表中的利润总额与企业所得税申报表中的利润总额有出入；企业常年亏损却屹立不倒；与同行业相比利润偏低等。

◆ 监测库存

金税四期上线后，企业库存会进一步透明化，企业进多少货，出多少货，还剩多少货，都会非常清楚，对库存账实不一致的情况监管得更严格。

◆ 监测缴纳的税额

金税四期系统下，主要检查的异常有：增值税收入长期大于企业所得税收入；税负率异常，如果企业平均税负率上下浮动超过 20%，税务机关就会对其进行重点调查；企业大部分员工长期在个税起征点以下；员工个税申报表中的工资与企业申报的工资不一致；实收资本增加，印花税未缴纳；盈余公积转增资本，个人股东却没有缴纳个税等。

◆ 监测企业银行账户

金税四期系统下，银行、工业和信息化部、国家税务总局、国家市场监督管理总局等纳入企业信息联网核查系统，实施信息共享和核查通道，税务局、银行等机构也可以通过该系统核实企业纳税信息和纳税人营业状态等情况。

◆ 监测企业的社保

金税四期系统下，对企业社保的监管主要有：试用期不入社保；代别人挂靠社保；未足额或未缴纳社保；员工自愿放弃社保就没有给员工入社保；不签合同就不缴社保；档案未转就不给缴纳社保等。

由于金税四期大数据的存在，督促了企业真实、准确且合法地经营，按时按规定申报纳税，避免延迟缴纳税款或交错税款而使企业陷入税务风险和信用风险中，也避免企业因此而缴纳税收滞纳金或罚款。

发票的涉税风险

对企业来说，发票的管理是一项重要工作，它涉及税款的缴纳和税务处理。关于发票的使用，有很多细节需要注意，一旦忽略了这些细节，就可能使企业陷入发票使用不当的风险中，严重时还会有涉税风险。

要想正确使用发票，避免涉税风险，企业财会人员和相关管理人员就必须认真了解发票有哪些涉税风险，这样才能很好地规避。

1. 以为取得的财政票据类通行费发票可以抵扣增值税进项税额

根据我国相关税收政策的规定，从 2016 年 8 月 1 日起，增值税一般纳税人支付的道路、桥、闸等通行费，可暂时凭取得的通行费发票（财政票据除外）上注明的收费金额，按照下列公式计算可抵扣的增值税进项税额。

高速公路通行费可抵扣进项税额 = 高速公路通行费发票上注明的金额 ÷（1+3%）× 3%

一级公路、二级公路、桥、闸通行费可抵扣进项税额 = 一级公路、二级公路、桥、闸通信费发票上注明的金额 ÷（1+5%）× 5%

因此，企业相关人员要明白，取得通行费票据时首先要看票据上加盖的印章是财政监制章还是税务监制章，只有加盖税务监制章的通行费发票才能抵扣增值税进项税额，而加盖财政监制章的通行费发票不能抵扣。另外，企业车辆办理 ETC 卡充值所取得的发票，也不能抵扣增值税进项税额。如果不了解这些规定，企业进项税额抵扣出错，就有涉税风险。

2. 以为取得预付卡发票可以进行企业所得税税前扣除

预付卡发票指一些预付卡在预付款充值时开具的发票。企业在购买或充值预付卡的环节，只能取得税率栏为"不征税"的增值税普通发票，而预付卡相应地需作为企业的资产进行管理，充值时发生的相关支出不得税前扣除。

所以，如果以为预付卡发票可以进行企业所得税税前扣除，这就错了，会使企业存在涉税风险。

3. 以为增值税普通发票没有销售方统一社会信用代码也能作为税收凭证

根据我国《关于增值税发票开具有关问题的公告》的有关规定：自 2017 年 7 月 1 日起，购买方为企业的，索取增值税普通发票时，应向销售方提供纳税人识别号或统一社会信用代码；销售方为其开具增值税普通发票时，应在"购买方纳税人识别号"和"销售方纳税人识别号"栏内分别填写购买方的纳税人识别号或统一社会信用代码和销售方的纳税人识别号或统一社会信用代码。不符合规定的发票，不得作为税收凭证。

另外，如果是个人消费者向销售方索取增值税普通发票，则不需要向销售方提供统一社会信用代码、地址电话、开户行及账号信息，但销售方需要在发票上注明自身的统一社会信用代码。

由此可见，无论是个人消费者还是企业购买者，在向销售方索取增值税普通发票时，都必须保证在发票上注明销售方的统一社会信用代码，否则不能将该发票作为税收凭据。如果购买者不知道这一规定，就很容易收到不合规的发票，使自己遭受损失，这也是一种潜在的涉税风险。

4. 以为发票备注栏没有按规定注明备注也是合规的

根据我国相关税收政策的规定，企业发生提供建筑服务、销售不动产和出租不动产等业务并自行开具或税务机关代开增值税发票时，都应在发票的备注栏内注明相关的备注信息。比如提供建筑服务的应在发票备注栏注明建筑服务发生地县（市、区）名称和项目名称；销售不动产的应在发票"货物或应税劳务、服务名称"栏内注明不动产名称和不动产权证书编号，在"单位"栏中注明面积单位，在备注栏内注明不动产的详细地址；出租不动产的应在发票备注栏注明不动产的详细地址等。

需要明白的是，应该在发票备注栏内注明相关内容而没有按规定注明的发票，属于不合规发票。如果企业对此不了解，就可能收到不合规发票，给企业经营活动带来麻烦，严重时还会遭受经济损失。

5. 以为增值税专用发票税率填错也能抵扣增值税

根据《中华人民共和国增值税暂行条例》的相关规定：纳税人购进货物或者应税劳务，取得的增值税扣税凭证不符合法律、行政法规或者国务院税务主管部门有关规定的，其进项税额不得从销项税额中抵扣。

因此，取得税率不正确的增值税专用发票并抵扣进项税额的，不属于善意取得发票，即使认证了也不能抵扣，最终还是要由企业补缴税款，并缴纳相应的罚款和滞纳金。

如果企业以为增值税专用发票税率填错也能抵扣进项税额，就会使企业在该缴纳税款的时候没有缴纳税款，从而导致延迟纳税，不仅需要企业补缴税款，还会使企业多支付罚款和滞纳金，这是企业面临的典型的发票涉税风险。

6. 取得不得抵扣但抵扣了增值税进项税额的发票不做进项税额转出处理

根据我国相关条例和政策的规定，企业购进货物或应税劳务用于非增值税应税项目、免征增值税项目、集体福利或个人消费的，进项税额不得从销项税额中抵扣；购进服务、无形资产或不动产用于简易计税方法计税项目、免征增值税项目、集体福利或个人消费的，进项税额不得从销项税额中抵扣。

因此，不得抵扣的进项税额如果已经抵扣了，就必须做进项税额转出处理，如果不做转出处理，就会使企业的增值税应纳税额计算不正确，那么税费的缴纳就会不正确，同样会被税务机关罚款并加收滞纳金，让企业经营出现涉税风险，同时还会给企业带来不必要的经济损失。

7. 以为取得的发票上的商品税收分类编码不正确也没事

根据我国相关税收政策的规定，纳税人必须使用增值税发票管理系统选择相应的商品和服务税收分类与编码开具增值税发票。因此，正规的发票上必须要有正确的商品税收分类编码，如果没有，则纳税人就会被税务机关严查。

也就是说，纳税人如果认为取得的发票上没有商品税收分类编码或者商品税收分类编码不正确也没事，那就错了。一旦纳税人将这样的发票作为税收凭据，最终会被税务机关监控和追查，使企业面临涉税风险。

8. 以为票款不一致的增值税专用发票可以用作抵扣凭证

根据我国相关税收政策的规定，纳税人购进货物或应税劳务、支付运输费用，支付款项的对象必须与开具抵扣凭证的销货单位、提供劳务的单位一致，才能申报抵扣进项税额，否则不予抵扣。

也就是说，发票上注明的信息要与实际经济业务和收款方信息一致，这样的发票才能用作抵扣凭证，否则不能用于抵扣增值税进项税额。如果企业不小心接收到票款不一致的发票，或者故意使用票款不一致的发票，都不能进行进项税额的抵扣，若抵扣了，也要做转出处理；若没有转出，则会被税务机关认定为偷逃税款，除了受到相应的处罚，还会被罚款并加收税款滞纳金，这也是涉税风险。

9. 以为某些特殊情况的发票不用附带相关材料也可以抵扣增值税

特殊情况的发票主要是指汇总开具专用发票以及开具"材料一批"、汇总运输发票、办公用品和劳动保护用品等发票。

汇总开具专用发票的，应提供《销售货物或者提供应税劳务清单》，若没有提供，则相应的专用发票不能用来抵扣增值税进项税额。开具"材料一批"、汇总运输发票、办公用品和劳动保护用品等发票的，若没有附带供应商开具的销售清单，也不能作为进项税额的抵扣凭证。

如果企业以为这些特殊情况的发票不附带应附带的材料也可以抵扣增值税进项税额，就会使企业违规抵扣进项税额，会被税务机关查处，进而发生其他损失，这是企业可能面临的涉税风险。

私车公用的税务风险

"私车公用"指员工用非公司车辆开展与公司业务相关的活动。虽然这样可能为工作提供了方便，但也因此产生问题，包括：

①公司没有公务用车，产生的费用怎么入账？

②私车公用发生的油钱怎么核算？

③员工驾车的公里数应该如何才能真实核定？

④车主是否需要与员工签订私车公用合同？合同的具体条款怎么拟定？

⑤国家对私车公用的税前扣除标准是怎么规定的？是否所有票据都可以入账？没有票据的又该怎么处理等。

私车公用可能涉及的费用包括油费、过路费、停车费、私车保险费和保养费、车辆违章费用以及驾驶员的驾车补贴、租金和其他补贴等。因此可能涉及增值税、个人所得税和企业所得税。针对不同的税种，企业可能面临不同的税务风险。

1. 增值税的处理与风险

根据相关办法的规定可知，在私车公用的业务一般认定为个人发生的应税行为，需根据增值税起征点来判断是否缴纳增值税，低于起征点的免征，达到或超过起征点的全额计缴。如果是按次纳税，则以每次销售额为标准，超过一定标准的才需要缴纳增值税。同时，增值税的附加税费也需随增值税的缴纳而缴纳。如果企业没有将私车公用准确划定为个人应税行为，或者没有按照准确的起征点或销售额标准进行税款的计缴，就可能使企业陷入税务风险中。

由于私车公用划定为个人应税行为，因此进项税额还是应该看用途对应的项目，如果是用于简易计税方法计税项目、免征增值税项目、集体福利或个人消费，则进项税额不予从销项税额中抵扣。

2. 个人所得税的处理与风险

私车公用的处理方式不同，员工取得私车公用相关租赁费、私车公用补贴和费用报销等的个税处理方式也会不同。

私车公用补贴及费用报销，可扣除一定公务费用后按工资薪金计缴个人所得税。按月发放的，并入当月工资薪金总额；不按月发放的，分解并入所属分月的工资薪金总额。

私车公用相关租赁费，按照"应纳税额 = 应纳税所得额 × 税率"的计算公式计缴个人所得税。其中应纳税所得额的确定可直接参考财产租赁所得的个人所得税应纳税所得额的确定标准。

如果私车公用的相关费用处理没有区分清楚，导致个人所得税的计缴出现差错，就会使企业计缴的个人所得税有误，面临税务风险。

3. 企业所得税的处理与风险

私车公用时企业所得税的风险主要来自相关费用是否可以在税前扣除。企业需要明确的是，有些费用可以在税前扣除，但有些不行。

根据有关政策的规定，企业因业务需要，可以租用租车公司或个人的车辆，但必须签订 6 个月以上的租赁协议，并且租赁协议中规定的汽油费、修车费和过路过桥费等支出允许在税前扣除。

企业员工将私人车辆提供给企业使用，企业应按照独立交易原则支付租赁费，以发票作为税前扣除凭证。但要注意的是，应由车主个人承担的车辆购置税、车辆保险费等不得在税前扣除。

可总结为，私车公用发生的费用，只要与企业生产经营活动具有相关性、合理性、真实性和准确性，就可以在企业所得税前列支扣除。但是不能随意扣除，否则涉税风险很大。

国地税合并下的税务风险防范

可能很多人都知道国地税局合并给大家带来的好处，不仅便利了纳税手续，避免纳税人到处跑，而且政策统一，避免了执行口径的混乱。另外，还使企业所得税的汇算清缴工作更简便，有效避免了重复稽查。

但是，国地税合并也存在一些税务风险和问题，主要有三项：

◆ **税务风险扩散化**：税务系统内部之间的数据交换非常频繁，某个数据或者某些数据一旦出错，就可能导致大面积的数据错误，变相地使众多企业面临涉税风险。

◆ **税务风险实时化**：税务系统与其他部门之间的数据交换可能发生错误，这种连带性的错误会实时地反映在企业的纳税申报及缴纳手续中。

◆ **税务惩戒机制社会化**：主要体现在税务晒名单和联合惩戒方面。国地税合并后，税务机关会统一对外公布法人或其他组织的名称、统一社会信用代码、法定代表人或负责人姓名等信息，也会公开 D 级纳税人及其直接责任人员名单，同时会对直接责任人员注册登记或负责经营的其他纳税人的纳税信用直接判为 D 级。D 级评价保留两年，第三年纳税信用不得评价为 A 级等。

这样一来，容易造成"一竿子打翻一船人"的错误。那么可以采取哪些有效措施来对国地税合并后可能存在的税务风险进行防范呢？

1.企业要放弃偷漏税的念头，同时建立风险防控体系

企业的财会人员应与管理者积极沟通，强调"该缴纳的税按时足额缴纳，该节省的要尽可能地节省"。同时还要在企业内部建立税务风险防控体系，使企业在防范风险时有章可循，避免出现风险防控操作不当而引起的二次税务风险。

不仅如此，企业还要在生产经营过程中不断地完善风险防控体系，使其适应市场环境的改变和企业发展的需求。必要时，还可建立一些流程制度来对风险防控体系进行补充和辅助。

2.合法合理地进行税务策划

税务策划是指通过对涉税业务进行谋划，制作一套完整的纳税操作方案，从而达到节税目的的一系列活动的总称。

由于税务策划是从主观角度进行的，因此策划时方法和手段是否合法、合理，将关系着税务策划是否能顺利进行，企业是否会因税务策划不当而陷入税务风险等。所以，要避免企业陷入税务风险，税务策划就必须合法、合理。

漏报税的风险及防范

漏报税就是该进行纳税申报的税因主观或客观的原因而没有进行纳税申报的行为。根据我国相关法律、法规的规定，无论企业当期是否有需要缴纳的税款，都要进行纳税申报，因此，如果纳税人漏报了税，就很可能被税务机关查处，并受到相应的惩罚，使企业陷入税务风险。纳税人不仅要了解企业漏报税风险，还应知道如何规避这些风险。

1.漏报税的风险

企业漏报税的直接风险是被税务机关查处、支付不必要的罚款和滞纳金。那

么，由此还会引发的其他风险有哪些呢？具体内容如下：

◆ 漏报税引起账目混乱，使企业账目不平，容易使财务人员为了平账而做出舞弊行为。

◆ 漏报税容易使办税人员在今后的工作中一直忽略被漏报的税种，可能造成相应税种的经常性漏报和税款的经常性漏缴，导致企业被税务机关列为重点关注对象甚至列入纳税黑名单。

◆ 漏报税情况如果越来越多，就可能被税务机关认定为故意逃税，受到的处罚会更重，很可能给企业的声誉和信用带来严重的损害。

◆ 如果漏报了企业员工的个人所得税，则会给员工带来不必要的麻烦甚至损失。

◆ 如果是房地产开发企业漏报了土地增值税，则可能延误施工时间，使企业需要支付更多的成本，带来不必要的经济损失等。

不同税种发生了漏报税，可能存在的税务风险会有不同。因此，无论是哪个行业的企业，无论规模大小，都要在规定期限内进行本单位的纳税申报工作，并及时足额地缴纳相关税费，避免陷入税务风险。

2. 防范漏报税风险

对企业来说，如果是主观原因造成的漏报税，则必须尽快向主管税务机关申请补税。但如果是一些客观原因造成漏报税，企业也无法避免，则需要按规定进项补税，一般来说这些情况下会得到税务机关的谅解，不会受到处罚。那么，哪些客观原因会使企业发生漏报税的情况呢？

◆ 因自然灾害、社会突发事件等不可抗力原因造成增值税扣税凭证未按期申报抵扣。

◆ 相关行政管理机关或司法机构在办理业务或对纳税人进行检查时扣押、封存了纳税人的账簿资料，导致纳税人未能按期办理申报手续。

◆ 税务机关信息系统或网络故障，导致纳税人未能及时取得认证结果通知书或稽核结果通知书，进而未能及时办理申报抵扣。

◆ 由于企业办税人员伤亡、突发危重疾病或擅离职守，未能办理交接手续，导致未能按期申报纳税。

◆ 国家税务总局规定的其他情形。

那么，企业如何才能有效规避漏报税风险呢？

①做好纳税申报的定期自查工作。

②办税人员定期参加税收政策培训，了解企业的具体纳税情况，防止漏报税。

③建立健全财务管理系统，使企业能根据账目不平的表现及时查出漏报税的情况。

④完善财务监督机制，必要时组织内部审计人员定期审查企业自身的纳税申报与税费缴纳工作。

⑤企业管理人员要准确把控员工的工作情况，学习必要的财税知识，防止财务人员舞弊而故意漏报税。

⑥通过不断地向财会人员强调税务风险以及对其自身可能带来的影响，提高财会人员的风险规避和防范意识。

除了上述这些常见的措施，企业在实务中还可根据自身的经营情况采取其他有效的防范漏报税风险的措施。

第 9 章

税收优惠与税务筹划

在企业税务实务中，为了让企业能充分享受到税收红利，财会人员通常会利用税收优惠政策来进行节税。但问题是，如果财会人员使用税收优惠政策不充分，或者节税办法使用不合理，就可能使企业陷入税务风险。因此，财会人员和相关负责人应该对常见的税收优惠政策有所了解，同时还要切实掌握节税办法。

增值税计税依据的策划

企业在生产经营过程中，增值税的计税依据是商品或应税劳务在流转过程中产生的增值额。由于一般纳税人和小规模纳税人在核算增值税应纳税额时的方法不同，因此计税依据的确定方法也不同。

1. 一般纳税人的增值税计税依据策划

一般纳税人的增值税应纳税额的计算公式如下：

增值税应纳税额 = 当期销项税额 − 当期进项税额 − 当期留抵税额

增值税进项税额 = 外购原材料、燃料或动力的不含税价款 × 适用税率

增值税销项税额 = 不含税销售额 × 适用税率

不含税销售额 = 含税销售额 ÷（1+ 适用税率）

由此可知，一般纳税人增值税计税依据的策划要从进项和销项两方面来考虑。

①企业作为一般纳税人，在采购原材料用于生产时，如果只能收到供应商开具的增值税普通发票，则发生的进项税额不予抵扣；如果能收到供应商开具的增值税专用发票（税率相同），则发生的进项税额可以抵扣，在当期同等销项税额和留抵税额的情况下，后者可以使企业的增值税应纳税额更少。

【案例分析】——进项发票种类与一般纳税人增值税策划

甲公司为增值税一般纳税人，当月向乙公司采购了一批原材料，含税价为 8.20 万元。已知乙公司也为增值税一般纳税人，开出的增值税专用发票注明税率为 13%。当月甲公司发生的销项税额为 11 000.00 元，没有留抵税额，计算当月甲公司增值税应纳税额。

增值税进项税额 =82 000.00÷（1+13%）×13%=9 433.63（元）

增值税应纳税额 =11 000.00−9 433.63=1 566.37（元）

如果供应商只能开出增值税普通发票，税率还是 13%，则对甲公司来说进项税额不能抵扣，最终当月增值税应纳税额为 11 000.00 元。

也就是说，企业销项税额和留抵税额一定的情况下，一般纳税人企业从可以开具增值税专用发票的供应商处采购货物可以节税。

②一般纳税人企业采购原材料时，如果供应商都能开具增值税专用发票，那么就要看适用税率的高低了。在当期销项税额和留抵税额相同的情况下，供应商适用税率越高的，企业就可以抵扣更多的进项税额，最终的增值税应纳税额就会更少。

【案例分析】——供应商适用税率与一般纳税人增值税策划

甲公司为增值税一般纳税人，当月向乙公司采购了一批原材料，含税价为 8.20 万元。如果乙公司也为增值税一般纳税人，开出的增值税专用发票注明税率为 13%，甲公司当月发生的销项税额为 11 000.00 元，没有留抵税额，计算当月甲公司增值税应纳税额。

增值税进项税额 =82 000.00÷（1+13%）×13%=9 433.63（元）

增值税应纳税额 =11 000.00−9 433.63=1 566.37（元）

如果乙公司为增值税小规模纳税人，开出的增值税专用发票注明税率为 3%，则当月甲公司增值税应纳税额计算如下：

增值税进项税额 =82 000.00÷（1+3%）×3%=2 388.35（元）

增值税应纳税额 =11 000.00−2 388.35=8 611.65（元）

8 611.65 元 > 1 566.37 元。

也就是说，企业销项税额和留抵税额一定的情况下，一般纳税人企业从可以开具增值税专用发票的一般纳税人供应商处采购货物可以节税。但是，这种情况下需要考虑到的情况是，在付出同等成本的前提下，向小规模纳税人采购货物时可以获取更多的货物。

综合前述两种情况可以得出的结论是，企业向可以开具增值税专用发票的供应商购货，比向只能开具增值税普通发票的一般纳税人供应商或可以开具增值税专用发票的小规模纳税人供应商购货，可以为企业节税。

🎯**提醒**

小规模纳税人在核算增值税应纳税额时，用到的税率一般不称之为"税率"，而称其为"征收率"，如前述第二个案例中的 3% 就是征收率。

2. 小规模纳税人的增值税计税依据策划

小规模纳税人的增值税应纳税额的计算公式如下：

增值税应纳税额 = 不含税销售额 × 适用征收率

不含税销售额 = 含税销售额 ÷（1+ 征收率）

由于小规模纳税人无论收到的是增值税专用发票还是增值税普通发票，都不能做增值税进项税额抵扣，连"增值税进项税额"这一说法也没有。也就是说，采购环节发生的增值税将全额计入采购货物的入账成本。

从企业实际发生的增值税支出看，当采购成本一定时，企业向一般纳税人供应商采购货物会发生更多的增值税支出。为什么呢？来看下面这个例子。

【案例分析】——供应商身份与小规模纳税人增值税策划

丙公司为增值税小规模纳税人，当月发生采购支出共 12.00 万元（含税），已知供应商均为一般纳税人，丙公司当月实现含税销售额为 18.00 万元，计算公司当月增值税的支出数额。

购进货物时增值税支出 = 120 000.00 ÷（1+13%）× 13%=13 805.31（元）

增值税应纳税额 = 180 000.00 ÷（1+3%）× 3%=5 242.72（元）

丙公司总的增值税支出 =13 805.31+5 242.72=19 048.03（元）

如果供应商为小规模纳税人，其他条件不变，丙公司当月增值税的支出数额计算如下：

购进货物时增值税支出 =120 000.00÷（1+3%）×3%=3 495.15（元）

丙公司总的增值税支出 =3 495.15+5 242.72=8 737.87（元）

8 737.87 元 < 19 048.03 元。

也就是说，如果从增值税的实际支出数额来考虑，小规模纳税人企业选择向同为小规模纳税人的供应商采购货物时，实际支出数额会更少。

但从另一方面来说，企业采购货物的入账成本会影响企业的经营成本，进而影响当期利润和企业所得税的应纳税额。因此，在直接人工和制造费用等成本费用条件相同的情况下，如果采购货物的入账成本越高，则经营成本就越高，当期利润会越少，企业所得税应纳税额也会相应更少。

消费税纳税策划切入点

消费税的纳税策划切入点有很多，常见的有如下四种：

◆ 不同的应税消费品生产方式。

◆ 应税消费品的适用税率。

◆ 应税消费品的包装物入账形式。

◆ 消费税税收优惠政策等。

本小节主要对"不同的应税消费品生产方式"这一切入点作详细介绍，看消费税的策划如何进行。

其实，无论是应税消费品还是一般的产品，从其生产过程是否全部由企业自已负责来划分，可分为由受托方加工成半成品后收回企业继续加工、由受托方加工成产成品后收回企业直接出售以及企业自己全权负责产品的整个生产过程这三种生产方式。

那么，应税消费品的生产方式如何影响企业应缴纳的消费税，给企业提供消费税纳税策划的空间呢？来看消费税应纳税额的计算公式和具体案例。

消费税应纳税额 = 不含增值税销售额 ÷（1- 消费税税率）× 消费税税率

委托加工消费税应纳税额 =（材料成本 + 加工费）÷（1- 消费税税率）× 消费税税率

委托加工消费税应纳税额 =（材料成本 + 加工费 + 委托加工数量 × 定额税率）÷（1- 消费税税率）× 消费税税率 + 委托加工数量 × 定额税额

【案例分析】——利用应税消费品的生产方式策划消费税

某卷烟厂当月接到一笔大宗订单，产品为甲类卷烟，与客户签订的购销合同约定了销售价款为 800.00 万元（不含增值税）。已知甲类卷烟适用的消费税税率为 56% 加 0.003 元/支（生产环节），烟丝适用的消费税税率为 30%。该订单的卷烟数为 16 标准箱，每标准箱 250 标准条，每标准条 200 支。

①委托其他企业将烟叶加工成烟丝，卷烟厂收回烟丝后继续加工成卷烟销售。

卷烟厂购进价值 160.00 万元的烟叶，委托某企业加工烟丝。委托加工合同约定加工费为 80.00 万元，收回后卷烟厂在烟丝的基础上继续加工成卷烟，过程中发生了相关成本和应分摊的费用，合计 88.00 万元。

销售甲类卷烟支数 =16×250×200=800 000（支）

受托方将生产的烟丝交给卷烟厂时代收代缴的消费税 =（800 000.00+880 000.00）÷（1-30%）×30%=720 000.00（元）

卷烟厂销售甲类卷烟对应的消费税贷方发生额 =8 000 000.00×56%+0.003×800 000=4 480 000.00+2 400.00=4 482 400.00（元）

卷烟厂应交消费税 =4 482 400.00-720 000.00=3 762 400.00（元）

②委托其他企业将烟叶直接加工成甲类卷烟，卷烟厂收回后直接出售。

这种情形下，卷烟厂向加工企业约定支付加工费 160.00 万元。

受托方将生产的甲类卷烟交给卷烟厂时代收代缴的消费税 =（1 600 000.00+1 600 000.00+800 000×0.003）÷（1−56%）×56%+800 000×0.003=4 078 181.82（元）

卷烟厂应交消费税 =4 078 181.82（元）

③卷烟厂自行生产这批甲类卷烟，假设发生的生产成本刚好为 160.00 万元。

卷烟厂应交消费税 =8 000 000.00×56%+0.003×800 000=4 482 400.00（元）

由案例计算结果可知，卷烟厂将这批卷烟发给烟丝加工厂加工成烟丝，收回后再继续加工成甲类卷烟出售所需缴纳的消费税税额最低。也就是说，使用该生产方式可以为企业节税，达到消费税策划目的。

但是，从案例中也可发现，应税消费品在委托生产过程中和自行生产过程中发生的加工费和生产成本等，并不一定像案例中描述的那么理想且一致，所以实际上哪种生产方式下消费税应纳税额最少还不能准确判定。这就需要企业根据实际情况进行计算和分析，选出消费税应纳税额最少的生产方式。

另外，在不同生产方式下，企业所需缴纳的增值税税额和企业所得税税额也会不同，这些都会影响企业当期的利润。所以在消费税的策划工作中，不能单纯地只考虑消费税的高低，还需结合总的经营成本以及经营目标等因素，选择恰当的生产方式。比如要求经营成本最低时的生产方式，企业所需缴纳的消费税可能并不是最低的，或者要求企业净利润尽可能多的生产方式，企业所需缴纳的消费税也可能并不是最低的。

企业所得税优惠政策

企业所得税是对企业生产经营所得和其他所得征收的一种所得税。由于该税是在企业有盈利的情况下缴纳，换个角度看，其实也给企业盈利造成了负担。为了减轻企业所得税税负，纳税人需要采取合法、合理、合规的措施，比如前面增值税策划提及的合法、合理地提高经营成本。但是，因为这种方法会相应地减少企业的盈利，所以不常被使用，而使用较多的是企业所得税税收优惠政策，企业通过享受税收优惠，不仅能保证获得较高的收益，也能减轻企业所得税税负。

企业所得税的优惠政策包括但不限于免税、减税、适用低税率、加计扣除以及应纳税额抵免等，具体见表9-1。

表9-1 企业所得税的优惠政策

优惠方向	政策内容
免税收入	①国债利息收入，指持有国务院财政部门发行的国债取得的利息收入 ②符合条件的居民企业之间的股息、红利等权益性投资收益 ③在中国境内设立机构、场所的非居民企业从居民企业取得与该机构、场所有实际联系的股息、红利等权益性投资收益 ④符合条件的非营利组织的收入
减免税所得	企业从事下列项目的所得，免征企业所得税 ①蔬菜、谷物、薯类、油料、豆类、棉花、麻类、糖料、水果、坚果的种植 ②农作物新品种的选育 ③中药材的种植 ④林木的培育和种植 ⑤牲畜、家禽的饲养 ⑥林产品的采集 ⑦灌溉、农产品初加工、兽医、农技推广、农机作业和维修等农、林、牧、渔服务业项目 ⑧远洋捕捞 企业从事下列项目的所得，减半征收企业所得税 ①花卉、茶以及其他饮料作物和香料作物的种植 ②海水养殖、内陆养殖
三免三减半	①从事国家重点扶持的公共基础设施项目（指《公共基础设施项目企业所得税优惠目录》规定的项目）投资经营的所得，自项目取得第一笔生产经营收入所属纳税年度起，第1—3年免征企业所得税，第4—6年减半征收企业所得税 ②从事符合条件的环境保护、节能节水项目的所得，自项目取得第一笔生产经营收入所属纳税年度起，第1—3年免征企业所得税，第4—6年减半征收企业所得税

续表

优惠方向	政策内容
适用低税率	①符合条件的小型微利企业，减按 20% 的税率征收企业所得税 ②国家重点扶持的高新技术企业，减按 15% 的税率征收企业所得税 ③在中国境内未设立机构、场所的，或者虽设立机构、场所但取得的所得与其所设机构、场所没有实际联系的非居民企业，其取得的来源于中国境内的所得，减按 10% 的税率征收企业所得税
加计扣除	①企业为开发新技术、新产品、新工艺发生的研究开发费用，未形成无形资产计入当期损益的，在按照规定据实扣除的基础上，按照研究开发费用的 50% 加计扣除；形成无形资产的，按照无形资产成本的 150% 摊销。如果这些研发费用发生在 2018 年 1 月 1 日—2020 年 12 月 31 日期间，或者待摊销额属于这一期间，则按照实际发生额的 75% 在税前加计扣除；若形成无形资产，按照无形资产成本的 175% 在税前摊销 ②企业安置残疾人员的，在按照支付给残疾职工工资据实扣除的基础上，按照支付给残疾职工工资的 100% 加计扣除 ③企业安置国家鼓励安置的其他就业人员所支付的工资的加计扣除办法，由国务院另行规定
应纳税所得额抵扣	创业投资企业采取股权投资方式投资于未上市的中小高新技术企业两年以上的，可按照其投资额的 70% 在股权持有满两年的当年抵扣该创业投资企业的应纳税所得额；当年不足抵扣的，可在以后纳税年度结转抵扣
减计收入	企业以《资源综合利用企业所得税优惠目录》规定的资源作为主要原材料，生产国家非限制和禁止并符合国家和行业相关标准的产品取得的收入，减按 90% 计入收入总额。注意，原材料占生产产品材料的比例不得低于优惠目录规定的标准
应纳税额抵免	企业购置并实际使用《环境保护专用设备企业所得税优惠目录》《节能节水专用设备企业所得税优惠目录》和《安全生产专用设备企业所得税优惠目录》规定的环境保护、节能节水和安全生产等专用设备的，该专用设备的投资额的 10% 可以从企业当年的应纳税额中抵免；当年不足抵免的，可以在以后 5 个纳税年度内结转抵免 注意，企业购置上述专用设备在 5 年内转让、出租的，应停止享受企业所得税优惠

除了表 9-1 提及的这些企业所得税优惠政策之外，还有其他一些优惠政策，企业财会人员需认真学习财税机关发布的公告和通知，及时了解相关优惠政策，做到充分利用，以便为企业减轻所得税负担。

新个税法下年终奖如何策划

根据《2019 年度个人所得税综合所得年度汇算办税指引》的解读可知：如果纳税人取得的全年一次性奖金选择单独计算缴纳个人所得税，则不包括在"年收入"中。如果选择将全年一次性奖金并入综合所得一起计算缴纳个人所得税，则包括在"年收入"中。

也就是说，纳税人可以自由选择全年一次性奖金的核算方式。核算方式不同，所需缴纳的个人所得税就会不同。

1. 全年一次性奖金单独计缴个人所得税

这种核算方式下，以全年一次性奖金收入除以 12 个月，得到的数额按照按月换算后的综合所得个人所得税税率表，确定适用税率和对应的速算扣除数，单独计算纳税。

个人所得税应纳税额 = 全年一次性奖金收入 × 适用税率 − 速算扣除数

【案例分析】——年终奖单独计缴个人所得税的计算

章某在一家技术服务公司从事软件工程开发工作，2×19 年 12 月底，获得当年度年终奖 2.00 万元。已知章某全年的工资收入刚好为 6.00 万元，没有其他需要扣除的项目。那么个人所得税计缴的分析如下。

章某全年工资收入 6.00 万元，扣除法定的减除费用 6.00 万元后余额为 0.00 元。也就是说，章某 2019 年的工资收入不需要缴纳个人所得税。但是，由于年终奖要单独计缴个人所得税，因此，参考个人所得税税率表可知，年终奖 2.00 万元适用的个人所得税税率为 3%，对应速算扣除数为 0。

年终奖应交个人所得税 =20 000.00×3%=600.00（元）

如果其他条件不变，章某获得年终奖为 4.00 万元，则对照个人所得税税率表可知，适用个人所得税税率为 10%，对应的速算扣除数为 2 520。

年终奖应交个人所得税 =40 000.00×10%-2 520.00=1 480.00（元）

如果章某全年工资收入超过了 6.00 万元，在没有其他需要扣除的项目的情况下，工资收入在扣除了法定的减除费用后还有余额，则需要缴纳个人所得税，此时就不仅只有年终奖需要缴纳个人所得税了。这样一来，章某需要缴纳的个人所得税会更多。

从案例的分析思路和计算结果可看出，如果年终奖选择单独计缴个人所得税，则无论个人全年应纳税所得额是正还是负，或者为 0 元，都需要针对年终奖全额缴纳个人所得税，并且年终奖数额越大，需要缴纳的个人所得税越多。也就是说，在这种核算方式下，个人只能通过减少年终奖来达到减少个人所得税应纳税额的目的，但这与任职者追求高收入是背道而驰的，因此可初步判断，这种核算方式并不能达到税务策划的目的。

2. 全年一次性奖金并入综合所得一起计缴个人所得税

该核算方式下，将全年工资收入加上年终奖后，减去法定减除费用，得到的数额按照综合所得个人所得税税率表，确定适用税率和对应的速算扣除数，得出需要缴纳的税款数额。

这种核算方式下，会因为个人全年的综合所得高低而使年终奖对个人所得税的应纳税额产生影响。

【案例分析】——年终奖并入综合所得的个人所得税计算

章某在一家技术服务公司从事软件工程开发工作，2×19 年 12 月底，获得当年度年终奖 2.00 万元。已知章某全年的工资收入刚好为 6.00 万元，没有其他需要扣除的项目。那么，章某当年应缴纳个人所得税是多少？

应纳税所得额 =60 000.00+20 000.00-60 000.00=20 000.00（元）

个人所得税应纳税额 =20 000.00×3%=600.00（元）

这与年终奖单独计缴个人所得税时需要缴纳的个人所得税税额是相等的。

但如果章某全年的工资收入为 55 000.00 元，则

应纳税所得额 =55 000.00+20 000.00-60 000.00=15 000.00（元）

个人所得税应纳税额 =15 000.00×3%=450.00（元）

也就是说，当个人全年工资收入＜法定减除费用（如 55 000.00 元＜60 000.00 元）时，将年终奖并入综合所得一起计缴个人所得税，可达到节税的目的，就比如这里算出的 450.00 元＜年终奖 20 000.00 元时单独计缴个人所得税无论全年应纳税所得额是正还是负或者是 0 元时的应纳税额 600.00 元。

当年终奖变为 40 000.00 元时，并入综合所得。

应纳税所得额 =55 000.00+40 000.00-60 000.00=35 000.00（元）

个人所得税应纳税额 =35 000.00×3%=1 050.00（元）

此时，算出的 1 050.00 元＜年终奖 40 000.00 元时，单独计缴个人所得税全年应纳税所得额为负（55 000.00-60 000.00=-5 000.00），应纳税额为 1 480.00 元。

如果章某全年工资收入为 70 000.00 元，保持年终奖 40 000.00 元不变，则

应纳税所得额 =70 000.00+40 000.00-60 000.00=50 000.00（元）

对照综合所得个人所得税税率表知适用税率为 10%，速算扣除数为 2 520。

个人所得税应纳税额 =50 000.00×10%-2 520.00=2 480.00（元）

而年终奖单独计缴个人所得税情况下，则

个人所得税应纳税额 =（70 000.00-60 000.00）×3%+40 000.00×10%-2 520.00=1 780.00（元）

此时，算出的 2 480.00 元＞年终奖 40 000.00 元时单独计缴个人所得税时的应纳税额 1 780.00 元。

通过该案例的分析与计算，可简单总结出以下四点：

①当年终奖并入综合所得一起计缴个人所得税时，如果全年工资收入在扣除

了相应费用和扣除项目后，初步得出的全年应纳税所得额为负，则年终奖越多，缴纳的个人所得税越多。

②当年终奖并入综合所得一起计缴个人所得税时，如果全年工资收入在扣除了相应费用和扣除项目后，初步得出的全年应纳税所得额 0 元或正数，则也是年终奖越多，缴纳的个人所得税越多。

③如果全年工资收入在扣除了相应费用和扣除项目后，初步得出的全年应纳税额所得额为负，则选择年终奖并入综合所得可以达到节税的目的。

④如果全年工资收入在扣除了相应费用和扣除项目后，初步得出的全年应纳税所得额为 0 元或者正数，则选择年终奖单独计缴个人所得税可以达到节税的目的。这么做的原理是将计税基数进行拆分，使每个部分的计税基数变小，适用较低的税率，从而达到节税的目的。

必须要牢记的是，无论采用哪种方式核算年终奖，在一个纳税年度内只能采用其中一种，不得随意变更。

3. 年终奖的其他税务策划

与年终奖相关的工资薪金税务策划还有其他一些方法和措施，下面对常用的两种作简单介绍。

◆ 合理分配"工资薪金"和"年终奖"的比例

由于个人所得税实行超额累进税率计税，纳税人的应纳税所得额超过某一级数时，超过部分就会按高税率计税。因此，"工资薪金"或"年终奖"其中一方畸高，都会导致适用较高的个人所得税税率。从实际情况看，"工资薪金"和"年终奖"的比例大概为 1:1 时，可以实现整体税负最小化。

◆ 避开临界点

这里的临界点是指划分个人所得税税率的各级数的上限，对照综合所得个人所得税税率表，相当于其中的 36 000 元、144 000 元、300 000 元、420 000 元、

660 000 元和 960 000 元。当应纳税所得超过这些临界点时，增加一元就会给企业带来额外的个人所得税。因此避开临界点也是一种有效的节税办法。

房产税纳税策划

房产税是以房产为征税对象，按照房产的计税价值或房产租金收入向房产所有人或经营管理人等征收的一种税。该税种的纳税策划可以从税收优惠政策入手，也可采用其他一些个性化的策划方法。

1. 房产税的税收优惠

在我国，相关法律、法规和政策对房产税明确了一些税收优惠的规定，主要涉及五个方面：

①国家机关、人民团体、军队自用的房产免征房产税，但这些免税单位的出租房产和非自身业务使用的生产和营业用房，不免。

②由国家财政部门拨付事业经费的单位所有的、本身业务范围内使用的房产免征房产税。这些单位包括学校、医疗卫生单位、托儿所、幼儿园、敬老院以及文化、体育和艺术类单位。

③宗教寺庙、公园和名胜古迹等自用房产免征房产税。

④个人所有的非营业用的房产免征房产税。个人所有的非营业用房产主要是指居民住房，不分面积大小，一律免征。

⑤财政部批准免税的其他房产，见表 9-2。

表 9-2　财政部批准免征房产税的其他房产

条　　目	房产类型
1	毁损不堪居住的房屋和危险房屋，经有关部门鉴定并停止使用后，免征

续表

条　目	房产类型
2	纳税人因房屋大修导致连续停用半年以上的，在房屋大修期间免征
3	在基建工地为基建工地服务的各种工棚、材料棚、休息棚、办公室、食堂、茶炉房和汽车房等临时性房屋，施工期间一律免征；工程结束后，施工企业将这些临时性房屋交还或估价转让给基建单位的，应从基建单位接收的次月起照章纳税
4	房管部门经租的居民住房，在房租调整改革前收取租金偏低的，可暂缓征收房产税；房管部门经租的其他非营业用房，由各省、自治区和直辖市根据当地具体情况确定是否免征
5	高校学生公寓免征房产税
6	非营利性医疗机构、疫病控制机构和妇幼保健机构等卫生机构自用房产，免征
7	老年服务机构自用的房产免征房产税
8	公共租赁住房免征房产税
9	国家机关、军队、人民团体、财政补助事业单位、居民委员会和村民委员会拥有的体育场馆，用于体育活动的房产，免征

2. 房产税的其他纳税策划方法

房产税的其他纳税策划方法则需要从税款的核算与缴纳入手，不涉及税收优惠政策。

◆　合理选择企业经营所在地

由于房产税的征税范围是城市、县城、建制镇和工矿区内的房屋，农村房屋不属于房产税的征税范围，因此选择企业经营所在地是一个纳税策划切入点，但因为企业建在农村会大大削弱企业的盈利能力和发展能力，所以这一方法没有太大的实际作用，在实务中可忽略。

◆　合理运用从价计征和从租计征

由于从价计征对应税率为 1.2%，从租计征对应税率为 12%，则可通过计算应纳税额临界点来选择适用从价计征还是从租计征。

比如，某企业新建了一个仓库，入账价值为 X 元，建成后发现用不上。这时，单从房产税的角度来考虑，企业可以自留空置该仓库，按从价计征方式缴纳房产税；也可以将仓库出租，收取租金，按从租计征方式缴纳房产税。假设该房产使用年限为 20 年，出租收取租金每年 Y 元，那么，20 年自用，应交房产税 $=1.2\% X \times 20=0.24X$（元）；20 年出租，应交房产税 $=12\% Y \times 20=2.4Y$；当 $0.24X < 2.4Y$ 时，选择自用仓库可以少缴房产税，即 $X < 10Y$；当 $0.24X > 2.4Y$ 时，选择出租仓库可以少缴房产税，即 $X > 10Y$。按照不同的已知条件建立临界点的确定模型，就可判断出企业当前的情况应该选择哪种计税方式可以节税。

◆ 正确区分房屋和非房屋来减少计税依据

房屋是指有屋面和围护结构，能遮风避雨，可供人们在其中生产、工作、学习、娱乐、居住或储藏物资的场所。而独立于房屋之外的围墙、烟囱、水塔、变电塔和室外游泳池等建筑物，不属于房产。正确区分房屋和非房屋的性质，就能比将这些都作为房屋计缴房产税更节税。

◆ 合理合法地降低租金收入

企业可通过减少租金收入来减少应缴纳的房产税，但采取的措施必须合理、合法。比如，出租房屋时针对租金收入和代收水电费分别签订合同，这样代收水电费的"收入"就不用计入租金收入，也就不需要缴纳房产税，从而达到节税目的。

企业税负控制的方法全掌握

企业的税负轻重一般通过"税负率"来反映，税负率是指纳税义务人当期应缴纳税款的总额占当期收入总额的比例。比如，增值税的税负率是指一定时期内实际缴纳的增值税与该时期获取的销售收入的比值；企业所得税的税负率是指企业一定时期内实际缴纳的企业所得税与该时期获取的销售收入的比值。

在衡量增值税税负率时，要区分小规模纳税人和一般纳税人。小规模纳税人的增值税税负率就是征收率，为 3%；而由于一般纳税人可以抵扣进项税额，因此税负率不是 13%、9%、6% 和 0 这些税率。

在衡量企业所得税税负率时，由于会计和税务对成本、费用和收入的确认口径有差异，因此通常情况下，企业的所得税税负率要高于企业所得税税率。

要控制好企业的税负，先要了解影响企业税负率的原因，主要涉及三个方面：

①销售价格的高低会影响企业的增值税销项税额和营业收入，从而影响增值税和企业所得税的应纳税额，相应地就会影响企业税负率。

②采购价格的高低会影响企业的增值税进项税额和生产成本，从而影响增值税应纳税额和主营业务成本，相应地影响企业所得税应纳税额和税负率。

③其他税种对应的应纳税额的高低，也会影响企业的税负率。

那么，如何才能控制企业的税负呢？

◆　合理且充分利用国家税收优惠政策

合理充分地利用国家税收优惠政策，可使企业把该享受的税收优惠享受到，或者享受更多的税收优惠，这样就能减轻企业的税收负担，达到控制税负的目的。

◆　提升企业自身的税收策划能力

企业的财会人员，甚至是管理者，要不断提升自己的税收策划能力，积极寻找有效、合理且合法的减税措施，为企业减轻税收负担，达到控制税负的目的。

◆　监控好企业业务与流程的变化情况

企业要定期对税负率的变化进行分析，及时发现税负控制工作中存在或出现的问题与风险。对于宏观问题带来的税负变化，如外部经济环境的影响、国家政策调整的，可视为税负的正常变化，无须做过多的税负控制干预。

但如果发现税负控制工作存在问题是由企业本身的问题引起的，如流程变化、业务组成变化等，就需要及时评估经营风险，并及时做出调整和整改，将企业税负控制在合理范围内。

在实务中，企业必须根据自身实际情况来选择恰当的税负控制办法，因为人为控制税负存在一定的风险，所以在税负控制方法的选取上不能马虎。

◆ 做好成本费用与收入之间的平衡

在收入一定的情况下，虽然降低成本费用可提高利润，但相应需要缴纳的企业所得税通常也会增多，此时企业所得税的税负率不一定低。因此，需要企业做好成本费用与收入之间的平衡。

◆ 为企业选择恰当的计税方法

恰当的计税方法可以使企业在遵守财税法律、法规的情况下按规定履行纳税义务，同时减轻税收负担。

◆ 进行合理的业务分包

在建筑业和施工单位，进行合理的业务分包是比较常用的一种纳税策划手段，具体涉及工程分包或劳务分包。分包后，计税基数被拆分，可能会使适用的税率发生变化，由此可找到节税的入口，从而为企业减轻税负。

实务中还存在很多行之有效且合法合理的税负控制办法，企业和财会人员需要在工作中不断摸索，总结经验，为控制企业税负出一份力。

如何应对税务稽查

企业要想正确应对税务稽查，首先需了解什么是税务稽查。税务稽查是税收征收管理工作的重要步骤和环节，是税务机关代表国家依法对纳税人的纳税情况进行检查监督的一项工作。税务机关进行税务稽查的依据是具有各种法律效力的税收法律、法规及各种政策规定。

下面就从税务稽查的事前、事中和事后三个时间段来看企业应如何应对。

1. 税务稽查的事前应对

在接受税务稽查前，企业要做好自身的纳税风险自查，及时发现问题并解决问题，避免由税务稽查人员查出而受到处罚。另外，企业还需要进行合理的税务规划，避免企业缴纳糊涂税。

◆　做好纳税风险自查

企业纳税人要熟悉自身的经营情况，通过纳税自查，发现税务工作中存在的问题，并积极采取措施解决。这么做不仅可以防止企业被税务稽查人员查出问题而受到严厉处罚，还能增强企业的纳税自觉性。

企业在进行纳税自查时，应自查税务登记，发票领购、使用和保存，纳税申报和税款缴纳，以及财务会计资料和其他有关涉税情况。自查方式可以是自行依照税法的规定自查，也可委托注册税务师代为检查。自查过程中如果遇到疑难问题，应及时向主管税务机关咨询。

一般来说，在正式开展税务稽查之前，税务机关都会提前向被查单位发出《税务检查通知书》，并附《税务文书送达回证》，通知被查纳税人。所以企业就可以利用这段"事前"时间，对企业上一年度的纳税情况进行一次比较全面的自查，及时发现问题，及时纠正。

◆　进行合理的税务规划

企业需要对各级税收政策进行充分的学习和研究，争取理解透彻，正确把握税法的规定，保证充分运用税收优惠政策，合法、合理地节税，既避免漏缴或者无意识偷逃税款，还能避免多缴纳税款。

税务规划要从企业的日常经营活动入手，不能临到税务稽查时才开展。

2.税务稽查的事中应对

企业在税务稽查的开展过程中，要使用好自己的权利，同时还要了解清楚企业是否存在问题，要积极配合稽查工作，态度要端正。

◆ 用好自己的权利

接受税务稽查时，被查企业拥有的权利包括：拒绝违法检查权、回避权、管辖权、申请复议和诉讼权、要求听证权、索要收据和拒绝违法处罚权等。详细权利见表9-3。

表9-3　税务稽查过程中被查单位享有的权利

条　　目	享有的权利
1	纳税人和扣缴义务人有权向税务机关了解国家税收法律、行政法规的规定以及与纳税程序有关的事宜
2	纳税人和扣缴义务人有权要求税务机关为纳税人、扣缴义务人的经营情况保密
3	如果稽查人员到被查企业进行税务稽查时不出示税务检查证和税务检查通知书，或者稽查人数少于两人的，纳税人有权拒绝检查
4	如果税务稽查人员与被查企业之间有利害关系或者其他关系，可能影响公正执法的，被查企业有权要求相关人员回避
5	被查企业有权要求税务稽查人员在调取企业账簿和有关资料时填写调取账簿资料通知书和调取账簿资料清单，并有权要求稽查人员在3个月内完整退还调取的企业账簿和有关资料
6	对于税务稽查人员在取证过程中发生的对当事人和证人进行引供、诱供和逼供等违法检查操作，被查企业有权拒绝和举报
7	被查单位属于金融、部队和尖端科学等保密单位的，必须要求税务稽查人员提供《税务检查专用证明》
8	税务稽查人员查封被查企业的商品、货物或其他财产时没有提供有效的"查封（扣押）证"、"查封商品、货物、财产清单"和"扣押商品、货物、财产专用收据"的，被查企业有权拒绝查封
9	税务机关在对被查企业做出行政处罚决定前，依法有告知当事人做出行政处罚决定的事实、理由和依据的义务，相应地，被查企业依法享有陈述、申辩的权利

条　目	享有的权利
10	税务机关对被查的公民做出 2 000 元及以上的罚款，或者对被查的企业及其他组织等做出 1 万元及以上罚款的，被查公民或企业等依法享有举行听证的权利。注意，被查公民或企业在接到《税务行政处罚事项告知书》后 3 日内向做出处理决定的税务机关提出书面申请，逾期不提出的，视为放弃听证权利；税务机关收到当事人听证请求后在 15 日内举行听证
11	被查企业可以亲自参加听证，也可以委托 1 ~ 2 名代理参加听证。委托代理的应向受托人出具委托书，并经税务机关或听证主持人审核确认
12	被查企业认为听证主持人与本次听证活动有直接利害关系的，有权申请回避，回避申请应在举行听证的 3 日前向税务机关提出，并说明理由
13	被查企业与税务机关在纳税问题上发生争议时，可以在收到税务机关填发的缴款凭证之日起 60 日内向上一级税务机关申请复议；对复议不服的，有权在接到复议决定书之日起 15 日内向人民法院起诉
14	被查企业对税务机关的处罚决定、强制执行措施或者税收保全措施等不服的，可以在接到处罚通知之日起或者税务机关采取强制执行措施、税收保全措施之日起 15 日内向上一级税务机关申请复议，被查企业也可以直接向人民法院起诉
15	税务机关使用或损毁扣押的财物、违法实行检查措施或执行措施，给被查企业造成损失的，被查企业依法有权提出赔偿

税务稽查中，被查企业只有用好了自己的权利，才能保障自身的权益不受侵害，也属于一种防范税务风险的有效方法。

◆ 了解企业是否存在问题和问题的严重程度

在接受税务机关的税务稽查时，要实时地向稽查人员了解企业是否存在问题，如果存在，则要了解问题的严重程度。以此向税务机关表明企业积极配合稽查工作的决定和积极解决问题的决心。

◆ 积极配合税务稽查人员的工作

被查企业及其在职员工要积极配合稽查人员的工作，将该提供的资料提供给稽查人员；对于涉及企业商业机密的资料，也不能断然拒绝提供，需请示企业上级领导，获得批准后才能提供给稽核人员检查。

◆ 陈述申辩时态度不卑不亢

虽然稽查人员和被查企业看上去地位不平等，但实际上双方在人格上是平等的。虽然被查企业在面对税务稽查时不能有对抗心理，但也不需要唯唯诺诺、低三下四，该争取的权利也一定要争取，有特殊原因或情况的也可以直接说明，在税务稽查自由裁定范围内都可以协商解决。

◆ 谨慎使用复议和诉讼

税务稽查完毕后，相关处理决定必须经过审理。审理部门会对证据链和适用法条等进行审核，一般不会出现大问题，因此被查企业对处理决定做出反应时，要谨慎使用复议和诉讼，避免给企业带来不必要的麻烦和经济损失。但如果确实需要走复议或诉讼程序的，被查企业也应做好万全准备，通过复议或诉讼来保障自身的权益。

3. 税务稽查的事后应对

企业要知道，在国地税征管系统合并后，税务机关对企业和其他纳税人的监管力度不断加大，对纳税人的税收策划合理、合法性的检查也越来越严格，纳税人今后的税收违法成本会显著提高。因此，从加强企业的税收风险管理的角度出发，企业要对税务稽查有事后应对办法才行。

◆ 加强税收风险管控，提高税法的遵从度。

◆ 积极维护企业的合法权益，做好争议的沟通与解释工作。

◆ 进行科学的税收风险管理，组建强有力的税收管理队伍，或者选择成熟的中介服务为企业办理税务事项。

如此，做好税务稽查的事前、事中和事后应对，可避免企业陷入税务风险，也可防止企业信用受损。